WEISHEITSLEHREN DER MEISTER

DAS HERZCHAKRA ÖFFNEN

Die Flamme der [illegible]

ELIZ [illegible]

und MARK L. PROPHET

Aus dem Englischen von Andrea Fischer

SILBERSCHNUR VERLAG

MIX
Papier aus verantwortungsvollen Quellen
FSC® C014138

Dieses Buch wurde ursprünglich auf Englisch als Teil des Werkes *Meeting the Masters* herausgegeben und in den USA publiziert.
 Originaltitel: Sacred Adventure Series 2: Meeting the Masters, Chapter 6, »The Comfort of Divine Love«, by Elizabeth Clare Prophet and Mark L. Prophet with Summit University Staff.

Summit University Press, 63 Summit Way, Gardiner, Montana 59030 U.S.A.
Tel: +1-406-848-9500 · Fax: +1-406-848-9555
www.SummitUniversityPress.com · www.SummitUniversity.org ·
www.SummitLighthouse.org · E-Mail: Info@SummitUniversityPress.com

ISBN: 978-3-89845-402-5

1. Auflage 2013

Übersetzung: Andrea Fischer
Gestaltung: XPresentation, Güllesheim;
unter Verwendung des Motivs #30600852, www.fotolia.com
Druck: Finidr, s.r.o. Cesky Tesin

Verlag »Die Silberschnur« GmbH · Steinstraße 1 · 56593 Güllesheim
www.silberschnur.de · E-Mail: info@silberschnur.de

Inhaltsangabe

1. Die Weisheitslehren der Meister: Die rosafarbene Strahlkraft unseres Herzens 7

Die Eigenschaften des dritten Strahls 10

- *Übung: Liebe dich selbst – Dankbarkeit in Aktion* 19

Das Herz-Chakra 27

Selbsteinschätzung: Ihr Herzchakra 44

Die Aktivität des dritten Strahls spürbar verstärken 54

- *Meditation: Die Saiten des Herzens anstimmen* 57

Begegnen Sie Paul dem Venezianer, dem Chohan des dritten Strahls 60

- *Meditation: Die Liebesflamme im Herzen verstärken* 72

Die Refugien von Paul dem Venezianer 75

Schlüssel zur Arbeit mit Paul dem Venezianer 79

2. Wir stellen vor: Der Aufgestiegene Meister Nicholas Roerich 85

3. Die befreiende Macht des Wortes: Die Liebe der Göttlichen Mutter 97

Kuan Yin: Göttliche Mutter des Ostens 99

• *Meditationen: Mit Kuan Yin kommunizieren* 103

Mutter Maria - göttliche Mutter des Westens 111

Die Weltenmutter 117

Anmerkungen 125

Über die Autoren 129

1.

Die Weisheitslehren der Meister: Die rosafarbene Strahlkraft unseres Herzens

Wer schätzt nicht liebevolle Menschen, die Wärme ausstrahlen und ein großes Herz haben? Wir wären gerne selbst wie sie und sind gern in ihrer Nähe. Sie vermitteln uns das Gefühl, dass wir wertvoll sind, geschätzt werden und in dieser Welt zu Hause sind. Menschen mit einer herzlichen Ausstrahlung senden die göttliche Liebe des dritten - rosafarbenen - Strahls aus, und ein besonders starker Lichtstrom fließt durch ihr Herzchakra.

Wir können die Blütenblätter dieses Energiezentrums in uns zur Entfaltung bringen, indem wir über die verschiedenen Facetten der Liebe meditieren und sie in unserem Lebensalltag anwenden. Wir können auch mit dem Aufgestiegenen Meister Paul der Venezianer, dem Chohan des dritten Strahls, arbeiten, der uns dabei behilflich sein kann, mehr Sensibilität und Mitgefühl in unserem Leben zu entwickeln. Er kann uns auch zeigen, wie wir die Flamme der göttlichen Liebe durch unsere persönliche Selbst-Meisterung zur Entfaltung bringen können. Man stelle sich nur eine Welt vor, in der jeder liebevoll und großherzig ist! Der erste Schritt hierfür besteht darin, dass jeder von uns die rosafarbene Strahlkraft seines Herzens verstärkt.

Die Eigenschaften des dritten Strahls

Der dritte Strahl bereichert das Leben mit der rosenfarbenen Schwingung der reinen Liebe. Die Energie dieses rosafarbenen Strahls ist eine der Hauptkomponenten von Kultur, Schönheit und Kreativität. Sie ist das unsichtbare Band, das Gemeinden und Nationen miteinander verbindet und Feinde in Freunde verwandelt. Sie ist der Motor der Kreativität und der unsichtbare Standard, mit dem wir die Harmonie und Schönheit in unserer Welt honorieren. Die Seele erkennt sofort diejenigen Menschen, die das reine Licht dieses erhebenden Strahls verbreiten, und fühlt sich zu ihnen hingezogen. Mit diesem Erkennen geht oft der Wunsch einher, sich in dieser Energie zu sonnen, sie in sich aufzunehmen und selbst eine Sendestation für sie zu werden.

Menschen mit einer Nahtoderfahrung sagen, dass die wichtigste Aufgabe im Leben darin besteht, Liebe zum Ausdruck zu bringen. Während ihres Nahtoderlebnisses, als sie die Möglichkeit hatten, auf ihr Leben zurückzuschauen, haben viele erkannt, dass sie anderen Menschen gegenüber nicht fürsorglich genug waren. Sie kamen zu der Erkenntnis, dass Liebe der Klebstoff ist, der das Universum zusammenhält, und gelobten nach ihrer Rückkehr in ihren Körper, liebevoller zu werden. In der Tat war die Nahtoderfahrung bei vielen Menschen der Anlass, ihr Leben zu verändern, so auch bei der Schriftstellerin Betty Eadie, die schlussfolgerte, dass das Hauptziel des Lebens darin besteht, anderen Liebe zu schenken: "Wir sollten einander lieben. Das weiß ich. Wir sollten freundlich und tolerant sein und anderen großzügig zu Diensten stehen. Ich weiß, dass wir durch Liebe mehr Freude ernten werden als auf irgendeine andere Weise. Ich habe den wunderbaren, glorreichen Lohn der Liebe gesehen. Die näheren Einzelheiten meiner Erfahrung sind nur insofern von Bedeutung, indem sie uns helfen zu lieben. Alles andere ist nur eine Bekräftigung dieser Tatsache."[1]

Wenn jeder von uns den dritten Strahl meistert, werden alle auf diesem Planeten erhöht. Mark Prophet hat einst eine Geschichte erzählt, um besser zu illustrieren, welche Kraft die Liebe hat, wenn auch nur eine Person diese wahrhaft zum Ausdruck bringt. Er sagte, man solle sich die Welt wie ein Taschentuch vorstellen, das ausgebreitet daliegt. Jeder, den man kennt und liebt, sei als ein Punkt auf diesem Taschentuch dargestellt. Sie selbst befänden sich dabei in der Mitte. In dem Maße, wie Sie Ihre eigene Liebesfähigkeit verstärken, beginnen Sie, die Mitte des Taschentuchs in die Luft zu heben. Zugleich wird auch jeder andere Punkt mit angehoben.

Wenn nicht jeder Einzelne von uns die Liebe in seinem Herzen verstärkt, ist die Welt empfänglicher für negative Energien - Egoismus, Unfrieden, Nachlässigkeit und Hass. Die Bemühungen einer einzigen Seele jedoch können schon dabei behilflich sein, die gesamte Erde in ihrer Schwingung anzuheben. Man stelle sich vor, wie viel Gutes bewirkt werden kann, wenn wir alle damit beginnen, auf diese bemerkenswert segensreiche Weise zu handeln.

> Wenn ihr eure Liebe mit der großen Liebe vereint, helft ihr damit Menschen, die ihr nicht kennt und welchen ihr auch noch nie begegnet seid.[2]
>
> Rumi

Wir bringen die Energie des dritten Strahls immer dann positiv zum Ausdruck, wenn wir Mitgefühl und Nächstenliebe gegenüber unseren Mitmenschen zeigen, wenn wir einem ruppigen Nachbarn gegenüber nachsichtig sind oder uns einem gestressten Familienmitglied gegenüber in Geduld üben. Die Liebe ist die verbindende Kraft zwischen dem Willen und der Weisheit Gottes. Wenn wir die göttliche Liebe (den rosafarbenen Strahl) mit dem Willen (dem blauen Strahl) und der Intelligenz (dem gelben Strahl) des Höheren Selbst verbinden, dann fällt es uns leichter, mit den Problemen des Alltagslebens umzugehen - angefangen bei Familienstreitigkeiten, über materiellen Missbrauch bis hin zu Naturkatastrophen. Der dritte Strahl ist auch ein Grundelement für die Ausgewogenheit der dreifältigen Flamme. Er kann einen wichtigen Anstoß zur Selbstmeisterung geben.

> Maßloses Streben nach Macht hat dazu geführt, dass die Engel gefallen sind. Maßloses Streben nach Wissen hat dazu geführt, dass der Mensch gefallen ist. Bei der Nächstenliebe hingegen gibt es kein Übermaß – weder die Engel noch die Menschen können durch sie in Gefahr geraten.[3]
>
> Francis Bacon

Liebe in Aktion

Die Liebe muss durch Taten in die Praxis umgesetzt werden. Gedanken des Mitgefühls oder Gedichte, die mit Liebe geschrieben sind, sind dankenswerte Ansätze. Doch Optimismus und freundschaftliche Gefühle allein reichen in der heutigen Welt oft nicht aus. Die Flamme der göttlichen Liebe wächst am stärksten, wenn wir anderen zu Diensten stehen, Menschen in Not retten und den Schwachen unter uns dabei helfen, wieder zu Kräften zu kommen. In der Bibel wurde Jesus einst von einem Pharisäer gefragt: "Meister, welches ist das vornehmste Gebot im Gesetz?" Jesus antwortete: "Du sollst lieben Gott, deinen Herrn, von ganzem Herzen, von ganzer Seele und von ganzem Gemüte. Dies ist das vornehmste und größte Gebot. Das andere aber ist ihm gleich: Du sollst deinen Nächsten lieben wie dich selbst."[4] Wie kann man Gott lieben? Indem man sich seine Göttlichkeit und seine reine Matrix, die jeder Schöpfung innewohnt, vor Augen hält. Indem man allen, in welchen Gott wohnt, zeigt, wie sehr man sie liebt und schätzt. Dies ist ein aktiver Prozess, der Wachsamkeit, Entschlossenheit und Einsatz erfordert. Mutter Teresa war ein wunderbares Beispiel dafür, wie man das Göttliche in jedem Menschen erkennen und lieben kann, wie auch die folgende Geschichte zeigt. Ihre Taten haben beständig die Früchte brüderlichen Mitgefühls getragen und bewirkt, dass der Funke der Liebe von einem Herzen zum anderen übersprang.

"Eines Tages haben wir einen Mann auf der Straße eingesammelt, der den Eindruck einer recht gut situierten Person vermittelte. Er war völlig betrunken. Er konnte nicht einmal mehr aufstehen, so betrunken war er!
Wir nahmen ihn mit nach Hause. Die Schwestern behandelten ihn liebevoll, fürsorglich und freundlich.

Nach etwa zwei Wochen sagte er zu den Schwestern: 'Schwestern, ihr habt mir mein Herz geöffnet. Durch euch habe ich erkannt, dass Gott mich liebt. Ich habe seine tiefe Liebe zu mir gespürt. Ich möchte wieder nach Hause.' Und wir haben ihm bei seinen Vorbereitungen für seine Abreise geholfen.

Einen Monat später besuchte er uns und überreichte den Schwestern seinen ersten Gehaltscheck. Er sagte zu ihnen: 'Tut für andere das, was ihr für mich getan habt.' Und er ging als verwandelter Mensch nach Hause.

Die Liebe hatte ihn zu seiner Familie zurückgeführt, zurück zur Zuneigung seiner Kinder und zur verständnisvollen Liebe seiner Frau."[5]

Mutter Teresa

Oft wird die Aufforderung Jesu, seinen Nächsten genauso zu lieben wie sich selbst, nicht richtig verstanden - der Teil über die Selbstliebe wird oft vernachlässigt. Dieses Gebot ist jedoch völlig im Einklang mit dem Sprichwort: "Nur wer sich selbst liebt, kann auch andere lieben." Die Liebe ist der Geheimschlüssel, der der Seele auf ihrem Weg der Entwicklung das Tor öffnet, um mit ihrem wahren Selbst zu verschmelzen. Dabei handelt es sich nicht um eine Form von Egoismus. Diese Liebe basiert vielmehr auf der demütigen Erkenntnis, dass wir eins sind mit dem göttlichen Bewusstsein, aus dem wir entstanden sind, das uns umgibt und unser Herz schlagen lässt. Diese Erkenntnis rückt uns in das gleiche Licht, in dem wir die großen Heiligen und Adepten betrachten. Da wir über den göttlichen

Funken in uns mit dem ICH BIN DER ICH BIN in Kontakt sind, können wir erkennen, dass wir in der gleichen Heiligkeit geschaffen wurden wie die Avatare auch. Unsere göttliche Bestimmung ist ebenso inspirierend wie die ihre.

> Ihr könnt im gesamten Universum nach jemandem suchen, der eure Liebe und Zuneigung mehr verdient als ihr selbst, und ihr werdet diese Person nirgends finden. Ihr selbst verdient eure Liebe und Zuneigung im gleichen Maße wie jeder andere im gesamten Universum.[6]
>
> Buddha

Wie können Sie nun dieses Feuer in sich selbst entzünden, sodass noch mehr Nächstenliebe entstehen kann? Dankbarkeit ist eine Form von Liebe - und Dankbarkeit auszudrücken, ist eine einfache Möglichkeit, um die Liebe zur eigenen Menschlichkeit und Göttlichkeit zu finden. Diese Liebe kann man dann auch an andere weitergeben.

Übung: Liebe dich selbst – Dankbarkeit in Aktion

1. Setzen Sie sich entspannt und in aufrechter Position hin. Atmen Sie tief ein und aus, und lassen Sie alle Anspannungen in Ihrem Körper los.
2. Konzentrieren Sie Ihre Aufmerksamkeit auf Ihr Herz, denken Sie an einen Menschen aus dem Kreis Ihrer Lieben und empfinden Sie tiefe Wertschätzung für ihn.
3. Entwickeln Sie nun das gleiche Gefühl für Ihren physischen Körper.
4. Stellen Sie sich vor, wie das wunderschöne rosafarbene Licht der Liebe in jede Zelle Ihres Körpers strömt. Visualisieren Sie, wie es Ihre Zehen und Füße durchtränkt, dann in Ihren Beinen aufsteigt, in den Bauchbereich und die Hüften – und dann den Brustkorb

und all Ihre Organe anfüllt. Stellen Sie sich vor, wie es sich in Ihre Schultern ausbreitet, Ihre Arme hinabfließt bis in die Hände und Finger, hinauf in Ihren Hals und in Ihren Kopf. Stellen Sie sich vor, wie Ihr gesamter Körper in dieser leuchtend rosa Lichtenergie erstrahlt.

5. Durchleuchten Sie nun Ihren Körper mit Ihrem inneren Blick. Machen Sie alle Zonen ausfindig, die Ihnen Schmerzen bereiten oder die Sie vernachlässigt haben – und die Trost oder Wertschätzung brauchen. Sprechen Sie Ihre Dankbarkeit für jeden dieser Körperteile aus, und beschreiben Sie dabei, wofür genau Sie dankbar sind. (Wenn Sie bei dieser Übung kichern müssen – umso besser!) Hier einige Anregungen, was Sie zu Ihrem Körper sagen könnten:

   - »Liebe Fußgelenke, danke, dass ihr gestern so stark gewesen seid und mir geholfen habt, auf diesen gewaltigen Berg zu steigen.«

- »Lieber Hals, danke, dass du heute nicht steif bist. Heute Morgen war es wirklich nötig, dass ich beim Autofahren meinen Kopf schnell zur Seite drehen konnte.«
- »Liebes Handgelenk, danke, dass du vorhin so lange durchgehalten hast, bis ich diesen langen Bericht geschrieben hatte.«
- »Lieber Rücken, ich weiß, dass du es schwerlich durch den Tag geschafft hast. Entschuldige bitte, dass ich mich nicht gleich hingesetzt habe, als du begonnen hast zu schmerzen. Danke, dass du mich so gut getragen und gestützt hast.«

6. Wenn Sie mit Ihren Danksagungen an Ihren Körper fertig sind, setzen Sie diesen Vorgang mit weiteren Aspekten Ihres Daseins fort. Sie können sich beispielsweise an Ihre Seele wie an ein kleines Kind wenden. Sprechen Sie in einem liebevollen, aufmunternden Ton zu ihr, und drücken Sie dabei Dankbarkeit für das aus, was sie für

Sie tut. Fragen Sie Ihre Seele, was Sie tun können, damit sie sich öfter wertgeschätzt fühlt.

7. Tragen Sie die Antworten und Erkenntnisse, die Sie erhalten, in Ihr Tagebuch ein.

8. • Wie haben Sie sich nach dieser Übung gefühlt?
   • Welche Zonen Ihres Körpers erforderten den größten Zuspruch?
   • Welche befanden sich in bester Harmonie?

Falsche Liebe

Wahre Liebe ist die Liebe, die man bedingungslos schenkt. Sie entspringt einem wohlgenährten Herzen, durch das die Energie des dritten Strahls frei hindurchströmt. Mit einer solchen Liebe kann man anderen immer und immer wieder geben, ohne dass die Quelle des Herzensfeuers jemals versiegt.

Die Energie des dritten Strahls wird jedoch nicht immer korrekt eingesetzt. Sie kann mit einer falschen Schwingung belegt werden oder unausgewogen sein. Dies zeigt sich in negativen Tendenzen und Gewohnheiten. Betrachten wir beispielsweise den Fall einer selbstlosen Pflegerin, die so hart arbeitet, dass sie ihren Körper vollkommen auslaugt. Sie belastet sich mit so viel Arbeit, dass sie schließlich arbeitsunfähig wird. Sie mag angesichts der Tatsache, dass sie imstande ist, so viel zu leisten, oder weil sie die Einzige ist, die diese Aufgabe so gut verrichten kann, sogar arrogante Züge oder Anzeichen von Kontrollsucht zeigen. Schließlich wird ihre Gesundheit sie im Stich lassen, und sie wird unfähig sein, für diejenigen zu sorgen, die sie gern umsorgen möchte. Ihre Lebenslektion besteht darin, dass sie nur dann, wenn sie zuerst Liebe und Zufriedenheit für sich selbst aufbringt, diese auch anderen in nachhaltiger, dauerhafter Weise bieten kann.
Einen subtileren Ausdruck kann die falsche Anwendung der Energie des dritten Strahls auf der Seelenebene finden. Man denke an den reichen Geschäftsmann, der "alles richtig macht". Er schafft Reichtum für seine Familie, lässt seinen Kindern

eine gute Ausbildung zuteilwerden und hält seinen Körper fit und gesund. Doch seine Seele hungert nach Nahrung. Eines Tages wird sein Leben wahrscheinlich unter einem Mangel an Fürsorge für seine inneren Bedürfnisse leiden. Er wird vielleicht eine Midlife-Crisis erleben oder auf der Suche nach einer höheren Bestimmung seinen Job kündigen. Seine Seele wird - wie die eines jeden anderen auch - ihn am Ende dazu bringen, ihr seine Aufmerksamkeit und Liebe zu schenken.

> Reife Liebe und gesundes Mitgefühl bedeuten nicht Abhängigkeit, sondern sie sind ineinander verflochten - mit einem tiefen Respekt für uns selbst sowie für andere.[7]
>
> Jack Kornfield

Ein weiteres Beispiel für Liebe, die auf falsche Weise zum Ausdruck gebracht wird, ist die Schlüssel-Schloss-Beziehung zwischen einem Abhängigen und seinem Helfer, dem Co-Abhängigen. Diese Begriffe, die man von Entwöhnungsprogrammen für Alkoholabhängige kennt, bezeichnen den Abhängigen selbst und die Person, die es ihm erlaubt oder ermöglicht, bei seiner Abhängigkeit zu bleiben, den Co-Abhängigen. Solange der Co-Abhängige die Abhängigkeit seines Partners billigt, nährt er diese Angewohnheit. Höhere Liebe würde bedeuten, dass man den Abhängigen dabei unterstützt, seine Abhängigkeit zu überwinden und zu durchbrechen, auch wenn nach außen hin der Eindruck entstehen könnte, man würde dem Partner seine Hilfe verweigern.

Der Co-Abhängige und der Abhängige mögen ihre Beziehung vielleicht als eine Art Liebe empfinden, doch das Ergebnis ist äußerst selten erbaulich und veredelnd. In der Tat sind oft persönlicher und familiärer Kummer sowie Katastrophen die Folge. Derartige Beziehungen zeigen auf, wie wichtig es ist, die perfektere Form von Liebe zu leben, die anderen dabei hilft, das Beste in ihnen zum Vorschein zu bringen, und sie dazu motiviert, sich über ihre derzeitige Situation hinauszuentwickeln.

Die violette Flamme kann unser Herz transformieren

Wenn Sie feststellen, dass es in Ihrem Leben Situationen gibt, in welchen die Liebe nicht in Harmonie ist, können Sie die violette Flamme durch Ihr Herzchakra in die betroffenen Zonen schicken und dabei zusehen, wie sie sich verwandeln. Wenn das Herzchakra offen ist und mit der violetten Flamme pulsiert, kann es jede Situation verwandeln und Wut in Mitgefühl, Verbitterung in Süße und Angst in Frieden verwandeln. Versuchen Sie, folgendes Mantra zu sprechen, und beobachten Sie, was geschieht: »Mein Herz ist ein Chakra aus violettem Feuer, mein Herz ist die Reinheit, die Gott wünscht!«

Das Herzchakra

Das Herzchakra

Das Herzchakra ist das größte der sieben Hauptchakren des Menschen. Zugleich ist es das lebendigste spirituelle Zentrum. Es ist das zentrale Chakra, wobei sich drei Chakren oberhalb und drei darunter befinden. Dieses Chakra erhält den Lichtenergiestrom von der ICH-BIN-Gegenwart und leitet diesen dann an die anderen Chakren weiter. Von dort bewegt er sich durch die vier niederen Körper und hinaus in die Welt.

Wenn die Energie, die durch das Herzchakra strömt, auf die richtige Weise verwendet wird, erscheint es

Die sieben Chakren

in einem schönen, rosaroten Farbton. Reine Liebe, ohne Besitzstreben, Kontrollbedürfnis oder den Wunsch, andere zu manipulieren, erzeugt strahlend rosafarbene Energie, die sich durch das Herzchakra ergießt, die Aura erfüllt und sodann ins Außen fließt, um alles Leben zu segnen. Eine solch bedin-gungslose Liebe ermöglicht es uns, uns auf die Gegenwart des Göttlichen im Innern unserer Lieben und nicht auf ihre Fehler zu konzentrieren. Da reine Liebe auf der Vorstellung von einem Höheren Selbst basiert, das ewig existiert, ist sie ebenfalls von Dauer und verlässlich. Indem wir unsere Nächsten und uns selbst auf diese Weise lieben, verhilft uns dies zu wahrer Selbst-Meisterung und der Integration der Energie dieses dritten Strahls.

Für die Kommunikation mit unserem Höheren Selbst und den Aufgestiegenen Meistern ist ein offenes Herz nötig.

Wie bei den anderen Chakren gibt es jedoch auch beim Herzchakra Unreinheiten, die den ungehinderten Fluss der Liebe blockieren können. Daher muss es gereinigt und geöffnet werden. Mark Prophet hat eine einfache Methode dazu gelehrt, die darauf basiert, dass man den Willen Gottes akzeptiert. Er schlug vor, sich in dem Augenblick, da man sich abends ins Bett legt, vorzustellen, man lasse sich in die Arme Gottes fallen - in dem Vertrauen darauf, dass er uns auffangen wird. Spüren Sie dabei das wunderbare Gefühl, dass Gott Sie liebt und dass er einen perfekten Plan für Sie hat, der nach seinem Willen verläuft. Machen Sie sich keine Sorgen um Ihr Leben und um die Zukunft. Vertrauen Sie einfach auf den göttlichen Willen, der durch und durch gut ist. Wenn Sie sich auf diese Weise Gottes Willen und Gottes Liebe hingeben, wird es Ihnen leichtfallen, Ihr Herz zu öffnen und "wie die Kinder" zu werden.[8]

Die Ströme der Liebe, die aus dem Herzchakra kommen, können durch viele Dinge blockiert werden. Angst, Ärger und Abneigung beispielsweise stoppen diesen Strom. Auf inneren Ebenen sehen solche negativen Energien wie Lehmbrocken aus. Elizabeth Clare Prophet sagt: "Diese Verhärtung zeigt sich auf der ätherischen Ebene als Energiekern, der sich um das Herz gebildet hat und hart wie Stein ist. Er behindert den Lichtstrom und den Lichtaustausch von Herz zu Herz, von Gott zum Menschen und von Mensch zu Mensch. Dies begrenzt unsere Fähigkeit, Licht zu verbreiten und über die Kraft der Flamme Jesu zu verfügen."[9]

Das Herzchakra entspricht dem ätherischen Körper. Negative Energie, die auf dieser Ebene ansetzt, kann bis in den physischen Körper durchdringen, wenn sie nicht verwandelt wird. Dort kann sich diese in Form einer Reihe von verschiedenen Herzbeschwerden zeigen, angefangen bei verkalkten Arterien bis hin zu Herzinfarkten.

Die Aufgestiegenen Meister haben uns erklärt, dass innere Blockaden, die die Öffnung des Herzens verhindern, vom niederen Selbst - auch menschliches Selbst genannt - ausgehen. Sie verdrängen die göttliche Liebe aus unserem Leben und kappen die Blütenblätter der Rose des Herzens, sobald diese sich entfalten möchten. Sollten Sie irgendwelche Einschränkungen Ihrer Herzfunktion feststellen, können Sie - selbstverständlich nur begleitend zu einer Untersuchung bei einem Arzt! - einfach innehalten und folgenden Satz sprechen, sooft Sie es für nötig befinden: "Im Namen meiner mächtigen ICH-BIN-Gegenwart lege ich alles ab, was die wahre Liebe in mir verdrängt."

Zur Meisterung des Herzchakras gehört die Fähigkeit, das eigene Höhere Selbst mit Beständigkeit und Zuverlässigkeit zu lieben. Dies öffnet die Tür dazu, ein wahrer Freund für die Mitmenschen zu werden. Die Fähigkeit zu wahrer Freundschaft ist eine hervorragende Eigenschaft, die viele Heilige und Weise als die größte aller Gaben erkannt haben. Alle fühlenden Wesen brauchen Freunde, sogar die Aufgestiegenen Meister und Gott selbst.

> Ohne Freunde würde niemand leben wollen, auch wenn er alle anderen Reichtümer zur Verfügung hätte.[10]
>
> Aristoteles

Das Herz hüten

Es ist wichtig zu erkennen, dass es erforderlich ist, das Herz zu hüten und zu beschützen. Der Alltagsstress der heutigen Welt wirkt sowohl auf die körperlichen Organe als auch auf das Herzchakra unbarmherzig ein. Disharmonische Klänge, elektromagnetische Strahlung und Umweltgifte sowie negative Gedanken und Emotionen bombardieren beständig diesen sensiblen Bereich. Grobe Energien hämmern heftig gegen den sanften, rhythmischen Schlag des physischen Herzens und prasseln auf die feinen Ströme des Herzchakras ein, die das Herz aussendet. Aus diesem Grund betonen die Aufgestiegenen Meister oft, dass man das Herzchakra stärken, öffnen und heilen soll, um das physische Herz zu schützen.

Neben guten Angewohnheiten, die der Gesundheit dienlich sind, können auch bestimmte spirituelle

Praktiken helfen, um das Herz vor Leiden und Krankheiten zu bewahren. Eine dieser Techniken, die von den Erzengeln des dritten Strahls, von Chamuel und der Nächstenliebe, gelehrt wird, besteht darin, beständig Liebe über das Herzchakra auszusenden. Sie erklären, dass nichts in dieses Zentrum eindringen kann, wenn man einen mächtigen Wasserfall der Liebe daraus hervorbrechen lässt. Gott, die allgegenwärtige Gottheit in unseren Nächsten und uns selbst, zu lieben und zu ehren, weitet nicht nur das Herzchakra, sondern bringt auch gewaltigen Schutz für den Herzmuskel.

Die Meister legen großen Wert auf das Herzchakra und helfen uns auf unterschiedlichste Weise dabei, uns darauf zu konzentrieren. Manchmal nennen sie uns in ihren Diktaten "liebe Herzen" oder "geliebte Herzen". Manchen Meistern sind bestimmte Herzensqualitäten zugeordnet, an welchen man sie erkennen kann:

- Das unbefleckte Herz der Maria
- Das heilige Herz Jesu
- Das diamantene Herz von El Morya

- Das purpurne, feurige Herz von Saint Germain
- Das großzügige Herz von Lanello
- Das gnadenvolle Herz von Kuan Yin

Sie können diese wundervollen Herzen jederzeit anrufen und sie bitten, ihr Herz zum Schutz, zur Ausdehung, zur Heilung und zur Stärkung über Ihr eigenes Herz zu legen. Formulieren Sie einfach Ihr eigenes, persönliches Gebet, oder machen Sie eine Anrufung und bitten Sie Ihren "Lieblingsmeister" oder Ihre "Lieblingsmeisterin", die Eigenschaften seines/ihres Herzens auf Ihr Herz zu übertragen. Oder benutzen Sie das folgende Gebet:

> Geliebter El Morya [oder ein/e andere/r Meister/in], bitte lege dein diamantenes Herz [oder eine andere Herzensqualität] über mein Herz. Gewähre mir deinen Schutz, deine Stärke und deine Anmut. Heile mein Herz, und verstärke meine Fähigkeit, andere und mich selbst zu lieben. Nimm mein Herz und mache es zu deinem Herzen. Möge es geschehen, so Gott will. Amen.

Auf diese Weise können Sie zeitweise mit bestimmten Teilen der Aufgestiegenen Meister auf dem dritten Strahl kongruent werden. Außerdem können Sie beginnen, diese Eigenschaften in Ihrem eigenen Herzen zu verstärken. Die Sendboten haben uns erklärt, dass eine Möglichkeit, um unsere Schwingung auf die der Aufgestiegenen Meister zu erhöhen und selbst einen Eindruck von deren Eigenschaften zu bekommen, darin besteht, die Identität dieses Meisters zu übernehmen. Welch bessere Methode, ihre Identität zu übernehmen, gibt es denn, als die, sie darum zu bitten, unsere Herzen nach ihrem Vorbild zu formen?!

Die Energie des Herzchakras nutzen

Ein beliebter Trend in einigen Kreisen besteht derzeit darin, willkürlich Handlungen aus reiner Güte zu begehen. Das kann kraftvoller sein, als man sich vorstellen kann! Solche selbstlosen Taten erzeugen einen Strom der Liebe - sowohl beim Spender als auch beim glücklichen Empfänger. Solche Aktionen fördern Dankbarkeit und Wertschätzung ohne Verpflichtung zur Gegenleistung und bewirken, dass Menschen überall ein besseres Selbstwertgefühl und eine größere Wertschätzung für andere haben. Das Leben bietet außerdem viele weitere Möglichkeiten, um reine Energie durch das Herzchakra zu schicken. Hier einige von ihnen:

- In Demut Gottes Plan für Ihr Leben und für diejenigen, die Sie lieben, akzeptieren.
- Den Menschen in Ihrem Umfeld Ihre Wertschätzung für sie deutlich zeigen.
- Anderen gegenüber großzügig oder fürsorglich sein.
- Anderen vergeben, wenn Sie feststellen, dass sie etwas falsch gemacht haben.

- Sich bemühen, andere zu verstehen.
- Rücksichtsvoll gegenüber den Bedürfnissen anderer sein.

Mit zunehmendem Wachstum und mehr Reife kann man lernen, sich selbst in schwierigen Situationen und Beziehungen ein offenes Herz zu bewahren. Eine Stärkung und Meisterung des Herzchakras kann auch intensive Initiationen erfordern, während man zu unterscheiden lernt, welche Energien dort wann fließen. Es ist beispielsweise wichtig, letztendlich zu lernen, den Unterschied zwischen Mitleid und Mitgefühl zu erkennen.

Mitleid bewirkt, dass wir andere bedauern, ihre Schwächen pflegen oder ihr Jammern und Wehklagen noch fördern. Dadurch bekommt unser Gegenüber das Gefühl, Opfer zu sein, und sieht Herausforderungen nicht als Chancen. In der Aura zeigt sich Mitleid als Energie, die sirupartig aus dem Herzchakra tropft, als Energiespiralen, die sich abwärts drehen. Diese negativen Energiespiralen ziehen die Emotionen und das Seelenbewusstsein nach unten.

Ein von Mitleid erfülltes Herzchakra

Mitgefühl hingegen lässt uns direkt in das reine Feuer des Herzens eintauchen, um anderen Auftrieb zu geben, sodass sie ihr volles Potenzial erkennen können. Es unterstützt den Prozess der Seelenveredelung auf authentische Weise. Wer Mitgefühl empfindet, lässt einen Mitmenschen, der gerade verletzt ist, nicht dort, wo er ihn auffindet.

Es ist in Ordnung, ein Kind, einen Freund oder einen geliebten Menschen zu unterstützen. Doch wenn wir mit unserer Fürsorge alles von ihnen fernhalten wie ein Puffer, hindern wir sie daran, ihre Lektionen zu lernen und zu wachsen - und tun ihnen damit keinen Gefallen. Manchmal benötigen die Menschen, die wir am meisten lieben, eine Dosis Realität oder einen Weckruf, um aufzuwachen. Es ist wichtig zu wissen, wann man einfach loslassen muss. Wenn Kinder gerade das Laufen lernen, möchten wir sie beispielsweise davor beschützen, sich zu verletzen, und ihnen den Halt geben, den sie brauchen. Dennoch ist es absolut wichtig, ihnen die Möglichkeit zu geben, dies immer und immer wieder aufs Neue zu versuchen, bis sie wirklich ganz von selbst ihren ersten eigenen Schritt tun. Dies gilt auch für alle anderen Schritte, die wir im Leben tun. Niemand kann es für uns tun, und wir können es ebenfalls niemandem abnehmen. Doch wir können einander mit Mitgefühl unterstützen.

Der große göttliche Lenker hat uns erklärt, dass Energie, die auf die richtige Weise über das Herzchakra freigesetzt wird, nicht nur wieder aufgefüllt, sondern auch um ein Vielfaches multipliziert wird. Dadurch kann sich dieses Chakra weiten und weiterentwickeln. Ein voll entwickeltes Herzchakra hat das Potenzial, Schmerz zu heilen - Schmerz infolge von Trennung, Kummer oder Verlassensein -, da es der Kelch der göttlichen Liebe ist.

Umgekehrt kann sich dort unreine Energie ansammeln und das Herzchakra in seiner Aktivität blockieren. Einige Energien, die gegen die Liebe gerichtet sind, sind offensichtlich, wie Hass und Wut. Doch es gibt auch subtilere Formen des Energiemissbrauchs, die größere Wachsamkeit erfordern, damit man sie vermeiden kann. Dazu gehören:

- Undankbarkeit
- Gedankenlosigkeit
- Egoismus
- Besitzdenken
- Angst
- Zweifel
- Eingebildetheit
- Betrug
- Arroganz

Gegen die Liebe gerichtete Energien können letztendlich als negatives Karma zu uns zurückkommen. Dies kann sich in den verschiedensten Formen äußern: als von andern gegen uns gerichtete Gemeinheiten, grobe Behandlungen oder als schwierige persönliche oder geschäftliche Beziehungen. Wie bereits erwähnt, ist es sogar möglich, dass sich aus erstarrten Gefühlsmustern oder aus dem, was gemeinhin als "Hartherzigkeit" bezeichnet wird, Herzprobleme entwickeln. Elizabeth Clare Prophet hat gesagt, dass Krebs ein Beispiel für die Perversion des Liebesstrahles ist, denn Hass kann diese heimtückische Krankheit u. a. verursachen oder zu dieser beitragen. Es empfiehlt sich daher, etwas Zeit und Energie zu investieren und das eigene Herz bewusst zu weiten und zu reinigen.

Als Hilfe bei diesem Prozess wurde der folgende Test zur Selbsteinschätzung entwickelt, um Ihnen dabei zu helfen, den Grad Ihrer Meisterung Ihres Herzchakras richtig einzuschätzen.

Der Schlüssel zum Glück muss im korrekten Umgang mit der Kraft der Liebe gefunden werden. (...) Liebe, die mit der falschen Schwingung geladen wird, bewirkt, dass die Energien der Menschheit in einer Spirale nach unten fließen. Liebe, die mit der richtigen Schwingung geladen wird, verleiht der Seele Flügel und hebt das Bewusstsein der Menschen in einen Zustand kosmischen Glücks, den sich diese bisher kaum vorstellen können.[11]

Aufgestiegene Meisterin Nada

Selbsteinschätzung: Ihr Herzchakra

Das Wissen um den richtigen Einsatz der Energie Ihres Herzchakras ist ein Schlüssel, um die Meisterschaft über den dritten Strahl zu erwerben. Die folgende Übung wurde entwickelt, um Ihnen zu helfen, die Wirkung Ihres Herzenslichtes richtig einzuschätzen und den positiven Energiestrom während des Austauschs mit anderen Menschen zu erhöhen. Diese Übung basiert auf vier Hauptaspekten, die die Aufgestiegenen Meister uns als Stützpfeiler für den richtigen Einsatz der Liebe genannt haben:

1. Sich in Mitgefühl üben.
2. Herausforderungen als Chancen betrachten, um das eigene Herzchakra offen zu halten.
3. Der spirituellen Schönheit in anderen Menschen und in uns selbst Anerkennung und Wertschätzung entgegenbringen.
4. Die Kraft erkennen, die von Sanftmut ausgeht.

SELBSTEINSCHÄTZUNG: MIT WELCHER SCHWINGUNG BELEGEN SIE DEN ENERGIESTROM, DER DURCH IHR HERZCHAKRA FLIESST?

1. Bitte bewerten Sie aus Ihrer momentanen Sicht die folgenden Aussagen auf einer Skala von 1 bis 5, wobei 1 bedeutet "Trifft überhaupt nicht auf mich zu" und 5 "Trifft immer auf mich zu".

   1 Trifft überhaupt nicht auf mich zu.

   2 Trifft selten auf mich zu.

   3 Trifft manchmal auf mich zu.

   4 Trifft oft auf mich zu.

   5 Trifft immer auf mich zu.

a) Ich übe mich in Mitgefühl.

Ich bin anderen und mir selbst gegenüber sanft und mitfühlend, ohne dabei jedoch mitleidvoll und nachgiebig zu sein.

1	2	3	4	5

Ich bin imstande, für andere zu sorgen und mich um sie zu kümmern, ohne übertrieben oder erstickend zu wirken.

1	2	3	4	5

Ich nehme die Liebe meiner Mitmenschen offen an.

1	2	3	4	5

Ich schicke den anderen offenherzig die Liebe und die Segnungen, die ich von Gott erhalte.

1	2	3	4	5

Ich tröste andere und unterstütze sie, ohne eine Gegenleistung dafür zu erwarten.

1	2	3	4	5

b) Ich betrachte Herausforderungen als Chance, um mein Herz offen zu halten.

Ich nehme herausfordernde Situationen in meinem Leben mit offenen Armen als Lernerfahrungen an.

1	2	3	4	5

Ich konzentriere mich oft auf mein Herz oder meditiere auf mein Herzchakra.

1	2	3	4	5

Ich kann gleichmütig bleiben und fühle mich nicht beleidigt, wenn jemand mich beleidigt.

1	2	3	4	5

Ich halte mein Herz offen, um ein Instrument für das Gute auf Erden zu sein, auch wenn das schmerzhaft ist.

1	2	3	4	5

c) Ich bringe der spirituellen Schönheit in mir selbst und in anderen Anerkennung und Wertschätzung entgegen.

Ich genieße es, anderen für ihre Leistungen Respekt zu zollen.

1	2	3	4	5

Ich suche nach Möglichkeiten, um anderen Wertschätzung entgegenzubringen.

1	2	3	4	5

Ich bringe mir selbst regelmäßig Wertschätzung entgegen, weil ich wertschätze, wer ich bin.

1	2	3	4	5

Wenn ich die Gelegenheit habe, andere Menschen zu führen, rege ich bei anderen die Kreativität an, anstatt meine eigenen Ziele zu verfolgen.

1	2	3	4	5

d) Ich erkenne die Kraft, die von Sanftmut ausgeht.

Ich sehe Gott als zärtliches, liebevolles Wesen voller Gnade.

1	2	3	4	5

Ich pflege, meine eigene Situation mit Humor zu betrachten, und kann über mich selbst lachen.

1	2	3	4	5

Ich kann im Umgang mit anderen sanft und zart sein.

1	2	3	4	5

Ich bin flexibel und kann mich an jede Situation anpassen.

1	2	3	4	5

2. Addieren Sie, wenn Sie Ihre Bewertung abgeschlossen haben, Ihre Punkte in jedem der vier Bereiche, und teilen Sie diese dann durch die Anzahl der Aussagen aus diesem Bereich, um den Durchschnitt zu berechnen.

3. Handeln Sie nach folgendem Aktionsplan, um eine persönliche Strategie zu entwickeln, mit der Sie Ihre persönliche Leistung in jedem Bereich verstärken können, in dem Sie mit der Bewertung 3 oder schlechter abgeschnitten haben.

Aktionsplan für das Herzchakra

a) Ich übe mich in Mitgefühl.

Ich beschließe, mich in diesem Bereich zu verbessern, indem ich Folgendes tue:

____

____

____

____

b) Ich betrachte Herausforderungen als Chance, um mein Herzchakra offen zu halten.

Ich beschließe, mich in diesem Bereich zu verbessern, indem ich Folgendes tue:

____

____

____

____

c) Ich bringe der spirituellen Schönheit in mir selbst und in anderen Anerkennung und Wertschätzung entgegen.

Ich beschließe, mich in diesem Bereich zu verbessern, indem ich Folgendes tue:

____

____

____

____

d) Ich erkenne die Kraft, die von Sanftmut ausgeht.

Ich beschließe, mich in diesem Bereich zu verbessern, indem ich Folgendes tue:

____

____

____

____

4. Setzen Sie Ihren Aktionsplan drei Monate lang in die Tat um. Machen Sie diesen Test dann erneut, und notieren Sie die positiven Veränderungen in Ihrem Tagebuch.

Die Aktivität des dritten Strahls spürbar verstärken

Es gibt einige einfache Möglichkeiten, um die Empfänglichkeit für die Energien des dritten Strahls zu erhöhen, wenn diese in die physische Ebene einströmen. Der Aufgestiegene Meister Kuthumi beschrieb diese Energien mit poetischen Worten folgendermaßen: "Die Morgenröte, rosarot - der dritte Strahl -, ist das Symbol der göttlichen Liebe. (...) Die Liebe ist fröhlich, lebendig und wunderschön. Durch die Kraft der Liebe lernen die Menschen, wie sie die Schönheit und das Mitgefühl, die sie von Gott bekommen haben, an andere weitergeben können. Indem sie diese Nächstenliebe und Schönheit weiterschenken, entsteht kein Raubbau, sondern nur der faire Austausch zwischen allen Seelen, die durch die gleiche Liebe erhöht werden wie Gott auch. Der Montag ist mit dieser kreativen Kraft durchtränkt."[12]

Tragen Sie montags rosarote Kleidung

Die sieben Strahlen entsprechen den sieben Wochentagen, wobei an jedem Tag ein anderer Strahl verstärkt wird. Während montags all die herrlichen Energien der Liebe entfesselt werden, tauchen manchmal zugleich auch die Kräfte auf, die der Liebe entgegenwirken, um diese zu unterminieren. Kein Wunder, dass die Montage so berühmt-berüchtigt dafür sind, schwierige Tage zu sein! Alles, was der Liebe entgegensteht - Hass, Ablehnung, Wut, Undank, um nur einige Aspekte zu nennen -, zeigt sich dann ebenfalls. Wenn Sie montags aber rosa- oder rosenfarbene Kleidung tragen, kann Sie das daran erinnern, dass Sie im großartigen Licht der Liebe gebadet werden. Sie können dadurch auch den Impuls erhalten, diese Energie auf die richtige Weise einzusetzen. Rosafarbene Kleidung kann auch bewirken, dass der dritte Strahl in Ihrer Aura verstärkt wird und sich Ihre Empfänglichkeit für seine positiven Eigenschaften schlagartig erhöht.

Spielen Sie auf der Harfe, um Ihr Herz zu weiten

Die Harfe ist das Musikinstrument, das den Schlüssel zum Herzchakra besitzt. Elizabeth Clare Prophet hat erklärt, dass die vielen Saiten der Harfe dazu benutzt werden können, um die Frequenzen Gottes erklingen zu lassen. Die Harfe mit ihren vielen Tönen kann die Saite unserer individuellen ICH-BIN-Gegenwart anschlagen und die einzigartige Schwingung unseres Christusselbst zum Klingen bringen - und die daraus resultierende Harmonie kann uns bei der Heilung unserer vier niederen Körper unterstützen. Das Harfenspiel ist damit nicht nur eine musikalische Freizeitbeschäftigung, sondern auch eine bedeutende Kraft, um die Energie Gottes in uns zu erwecken.

Mark L. Prophet hat uns eine Meditation an die Hand gegeben, die hilfreich ist, um unsere Herzen auf die Musik der Harfe und damit auch auf die harmonisierende Energie unseres Höheren Selbst einzustimmen. Folgender Text ist aus seinen Anweisungen herausgegriffen:

Meditation: Die Saiten des Herzens anstimmen

1. Spielen Sie ein schönes Harfenstück. Musik aus der Barockzeit und aus den klassischen Perioden ist für diese Meditation am besten geeignet.

2. Setzen Sie sich aufrecht hin, entspannen Sie sich und atmen Sie tief ein und aus.

3. Stellen Sie sich vor, Ihr Herz sei eine Harfe, auf der Sie die Musik der Liebe anstimmen.

4. Spüren Sie beim Zupfen der Saiten Ihre große Verehrung für Gott, die von Ihrem Herzen in die Welt hinausströmt. Sehen Sie, wie Ihre Liebe die Menschen berührt, die Trost und Fürsorge brauchen. Sehen

Sie, wie diese von Ihrer Liebe umfangen – und positiv verändert werden.

5. Chanten Sie zum Abschluss Ihrer Meditation das OM.

6. Öffnen Sie Ihre Augen, und bleiben Sie im Gefühl der Liebe, das Sie aufgebaut haben.

Benutzen Sie Kristalle und Edelsteine, um die Liebe zu verstärken

Eine weitere Möglichkeit, um die Schwingung der Liebe zu erhöhen, ist die Nutzung der Edelsteine Diamant, Granat, Rosenquarz, rosa Beryll und Rubin. Diese Steine können die Energien des dritten Strahls verstärken, wenn man sie trägt. Der Granat hat auch eine lange Tradition, was seine Nutzung zur Kräftigung des Blutes betrifft. Rosenquarz und rosa Beryll helfen dabei, die besänftigenden Eigenschaften der Liebe und die zarten Fähigkeiten der Seele zu entwickeln. Laut der traditionellen hinduistischen Lehre stärkt der Rubin ebenfalls das Herz und unterstützt den Blutkreislauf. Außerdem kann er Kühnheit und Mut fördern und die Traurigkeit und Sinneslust mindern. Seien Sie jedoch vorsichtig, wenn Sie Rubine tragen. Ihre Energie ist so stark, dass, wenn man nicht ganz in seinem Herzen zentriert ist, das Tragen dieser Steine zu verstärkten Emotionen führen kann, die gegen die Liebe gerichtet sind, wie etwa Reizbarkeit und Wut. Wenn Sie den Eigenschaften des dritten Strahls - Liebe, Kreativität, Mitgefühl und Liebe - in Ihrem Leben einen kräftigen Schub verpassen möchten, so können Sie die genannten Edelsteine jedoch als Schmuck tragen oder sie in Ihrem Haus an einem Platz aufstellen, der Ihnen heilig ist.

Begegnen Sie Paul dem Venezianer, dem Chohan des dritten Strahls

Paul der Venezianer

Der Aufgestiegene Meister Paul der Venezianer ist der Chohan des dritten Strahls. Indem wir seine Lehren studieren, können wir seinem liebenden Herzen näher kommen. Eine Zusammenarbeit mit Paul kann uns auch dabei helfen, fürsorglicher zu werden und mehr Mitgefühl zu entwickeln sowie unsere Meisterung der Schönheit, der Kreativität, der Geduld und der Einheit zu fördern. Wenn wir uns die Zeit nehmen und uns mit ihm in Resonanz begeben, während wir an kreativen Projekten arbeiten, können wir die lebendige Schwingung dieses Meisters der Liebe leichter in uns aufnehmen.

Während all seiner Inkarnationen betrachtete Paul der Venezianer die Schönheit als die Hauptkraft, die der Menschheit die Erleuchtung bringt. Er benutzte dabei Kunst, die mit Lieblichkeit erfüllt war, als Mittel zum Zweck. Während vieler Leben konzentrierte er sich darauf, dieses Ziel zu erreichen. Einige dieser Inkarnationen werden auf den folgenden Seiten skizziert:

Vor mehr als zehntausend Jahren führte Paul das Amt des Leiters für kulturelle Angelegenheiten auf Atlantis, wo er ein großer Künstler war. Später inkarnierte er im Inkareich in Peru und spezialisierte sich auf die Malerei, wobei er Farbpigmente benutzte, die nicht verblassten. Dann inkarnierte er in Ägypten als Schöpfer esoterischer Architektur und arbeitete mit der Seele von El Morya, der zu der Zeit, als die Pyramiden erbaut wurden, Maurermeister war.

Paolo Veronese

Er inkarnierte in jüngerer Zeit als der Maler Paolo Veronese in der italienischen Renaissance (1528-1588). Während dieses letzten Lebens hinterließ er seine Spuren als spiritueller Revolutionär, der gegen die Kräfte des Antilebens in der Kunst zu Felde zog, wobei er stets die Schönheit als Mittel zur Selbsttranszendenz benutzte.

Als Paolo Veronete entwickelte er seine Meisterschaft aus Atlantis und Peru weiter und brachte innovative Farbtechniken hervor, um die Kunst seiner

Zeit neu zu beleben. Der Meister überwand die traditionellen, schalen, leblosen und trüben Aspekte der mittelalterlichen Kunst, indem er auf völlig neuartige Weise neue Farben und Schattierungen kreierte. Keine düsteren, melancholischen Schatten mehr. Stattdessen wählte er durchscheinende Farbtöne, um Licht und Schwingung in einer nahezu berauschend reichen Palette an Farben zu vermitteln.

Er brach auch mit der Tradition der religiösen Kunst, die Christusfiguren und seine Apostel steif und unnahbar zu gestalten. Stattdessen verlieh er ihnen mehr natürlichen Ausdruck. Durch die feine Ausarbeitung seiner Gemälde mit heiligen Themen - Jesus, die zwölf Jünger, biblische Figuren und die Heiligen - veränderte Paolo Veronese die Einstellung der Menschen zum Heiligen. Er wurde in seiner Kunst nie respektlos oder gottlos, sondern verlieh seinen Figuren einen lebensechten Ausdruck und ordnete ihnen leicht identifizierbare Orte und Gegenstände zu. Auf diese Weise machte er sie dem gemeinen Volk zugänglich, weil er das Leben religiöser Leitfiguren als Ziel darstellte, das sie selbst anstreben konnten. Mit dieser frischen

Herangehensweise verlieh er ernsthaften, heiligen Themen eine Vertrautheit, die die Bilderverehrung der vorausgegangenen mittelalterlichen Kunst ablöste.
Dieser große Künstler experimentierte auch so lange, bis ihm eine Technik der Pigmentherstellung gelungen war, mit der er Farbe haltbar machen konnte. Damit brachte er herrliche Farben hervor, die bis auf den heutigen Tag aus seinen Werken strahlen. Er wurde für seine biblischen Szenen und historischen Themen sowie für die Darstellung von Festen und Festumzügen bekannt, die er auf erfrischende Weise mit Freude und einer beindruckenden Grandezza ausführte. Diese Werke waren so gekonnt ausgearbeitet, dass er seinen Platz als Meister der Renaissance in Venedig einnahm. Da Venedig die Heimat seiner letzten Inkarnation war, nahm Paolo Veronese bei seinem Aufstieg den Namen "Paul der Venezianer" an.

Ulla Knoll & Sabine Kuhn

Praktische Traumarbeit

160 Seiten, broschiert
ISBN 978-3-89845-396-7
€ (D) 6,95

In diesem Buch lernen Sie, Traumarbeit aktiv in den Alltag zu integrieren und dadurch Lösungen für Ihre Probleme zu finden. Identifizieren Sie Ihre persönlichen und beruflichen Träume, und setzen Sie sie um. Gewinnen Sie Klarheit über das, was Sie erreichen wollen in Ihrem Leben.

Traumarbeit wie Sie sie noch nicht kennen.

www.silberschnur.de

SILBERSCHNUR

Verlag

»Die Silberschnur«

Postfach 41

D-56590 Horhausen

Von einem Engelsgesicht inspiriert

In einem Diktat, das er 1968 gab, hielt Paul von Venedig einen Rückblick auf sein Leben als Paolo Veronese und berichtete von einem ergreifenden persönlichen Erlebnis. Dabei sprach er von einer Begebenheit, bei der seine Fähigkeit, seine Kunst auszuführen, direkt mit seiner Sensibilität für den Kummer eines Mitmenschen in Zusammenhang stand. Er erzählt eine Geschichte, die uns Aufschluss darüber verschafft, wie er die Kunst als Mittel nutzte, um seine Seele mit Gott zu verschmelzen.

Eines Tages erreichte der Mann aus Verona einen Punkt, an dem er sich Gott sehr nahe fühlte, doch so sehr er es auch versuchte, er konnte das Gesicht eines Engels partout nicht mit der himmlischen Schönheit abbilden, die er vermitteln wollte. Er konnte seinen Geist einfach nicht auf diese Aufgabe konzentrieren. Daher schloss er seinen Laden, verließ die Stadt und wanderte aufs Land hinaus. Als er am Rand eines Feldes in die Nähe eines alten Friedhofs gelangte, überkam ihn ein Gefühl der Ruhe und des Friedens. Er spürte, dass er mit dieser neu entdeckten Ruhe und Gelassenheit imstande sein könnte, in sein Studio zurückzukehren und das Engelsgesicht zu malen.

Doch er wurde durch das Geräusch einer jungen Frau aufgehalten, die am Grab ihres Vaters herzzerreißend schluchzte. Er spürte, dass ein Gespräch unpassend wäre, und sprach einfach ein Gebet. Während er betete, brach die Sonne durch die Wolken hindurch. Die junge Dame hörte auf zu weinen und blickte verwundert auf. Paul der Venezianer erzählt den Rest der Geschichte selbst:

> "Ihre Trauer und ihr Kummer waren tief in eines der schönsten Gesichter, das ich jemals gesehen hatte, eingeprägt - und da war er, mein Engel, das Gesicht, nach dem ich gesucht hatte.
>
> Beschwingt erinnere ich mich nun nochmals an jenen Moment. Doch ich wusste, dass ich diesen Kummer quasi 'wegmalen' musste. Daher musste ich versuchen, irgendwie einen Hoffnungsschimmer anzubringen, irgendeine Möglichkeit, ihr Herz zu trösten. Zunächst zögerlich verzog ich meine Lippen zu einem leichten Lächeln

– und sie erwiderte es. Da sagte ich zu ihr, während ich von einem Baum in der Nähe vorsichtig eine Apfelblüte pflückte: 'Tochter, in der Natur gibt es die Wiederauferstehung, und alle Dinge vergehen, nur um dann im Kreislauf wieder mit der Fülle und dem Aufbrechen einer Blüte wiederzukehren. In der Wiederauferstehung wird auch dein Vater wieder zu dir zurückkehren.'

Schluchzend sagte sie: 'Ich weiß. Ich weiß. Doch ich bin jetzt so einsam.'

Da nahm ich sie bei der Hand. Als ich betete, spürte ich die Ausstrahlung Christi in mir aufsteigen. Ich beobachtete, wie jeder ihrer Gesichtszüge Trost, Gnade und die Akzeptanz der Wiederauferstehung widerspiegelte. Dann bemerkte ich, dass durch meine Arme und Hände eine starke Energie pulsierte, und ich spürte, wie mein Herz in Erwartung von etwas Größerem kräftiger zu schlagen begann. In der Tat war bei mir die heile Vision des Heiligen Geistes aktiviert worden.

Plötzlich lächelte die junge Frau ein Lächeln, mit dem sie höheres Glück zum Ausdruck brachte, und sie sagte: 'Oh, ich fühle mich jetzt gar nicht mehr einsam. Ich werde jetzt zu meiner Mutter nach Hause gehen, die ganz bestürzt über meinen Kummer ist, und werde nicht mehr länger trauern. Denn ich spüre etwas in mir, etwas, das mich dazu ermutigt, Euch zu glauben. Ich weiß nicht, weshalb. Eure Worte haben für mich eine Bedeutung, und ich bin nicht mehr traurig.'
Als nun die Sonne noch stärker zum Vorschein kam und mit voller Strahlkraft leuchtete, wurde ich Zeuge der Transformation - ein Wunder, das ich all die Tage meines Lebens bis zu meinem Seelenaufstieg nicht mehr vergessen habe. Das Gesicht eines Engels erstrahlte nun in all seinem Glanze und in all der Größe Gottes. Ich sagte: 'Wahrhaftig, Gott ist Fleisch geworden!' Dann ging ich zurück, um meinen Engel zu malen."[13]

Im gleichen Diktat sagte Paul der Venezianer, dass sein rosafarbener Umhang grün gefüttert ist und dass er ein Wissenschaftler höchster Güte sowie gleichzeitig ein Künstler ist. Das Grün reflektiert nicht nur die Farbe und die Qualität der wissenschaftlichen Lehre, sondern auch Ganzheit und Visionskraft - zwei Charakteristika, die für jeden, der eine göttliche Blaupause voller Schönheit hervorbringen möchte, unerlässlich sind.

Der Pfad der göttlichen Liebe

Als Chohan des dritten Strahls weiht Paul der Venezianer unsere Herzen ein, indem er uns hilft, die Liebe einzusetzen. Er sagt: 'Die Fülle der Liebe kann nicht Liebe sein, wenn sie nicht aktiv wird. Kontemplative Liebe oder die pure Wiederholung von Worten mag vielleicht jemandes Fantasie beanspruchen, doch Liebe in Aktion ist die Maßnahme eines Herzens, das mit dem Geist und der Seele vereint ist."[14]

Um dieses Ziel zu erreichen, lehrt Paul die Kunst, die Flamme des Lebens über die Disziplinen der

Liebe aufrechtzuerhalten - wichtige Schritte für diejenigen, die die Meisterung des dritten Strahls erlangen möchten: "Jene, die die größten Künstler, Dichter und Musiker sind, die die Flamme der Liebe benutzen, um eine Vorstellung von Gott umzusetzen, sind zugleich diejenigen mit der größten Disziplin (...). Disziplin ist ein Raster, ein Kraftfeld, das nötig ist, um den Strom der Liebe zu empfangen und diesen Strom weiterhin aufrechtzuerhalten."[15]

Sich selbst und anderen Liebe in Form von Disziplin zu schenken, ist keine neue Idee - dies kann man im Alltagsleben durchaus beobachten. Beispiele hierfür sind die Eltern, die ihre Pläne fürs Abendessen ändern, um auf ein Kind einzugehen, das sich schlecht benimmt. Oder ein anderes Beispiel ist der zerstreute Erfinder, der sich detaillierte Notizen macht, um seine eigenen Erfindungen aufzuzeichnen. Man kann diese Art der Disziplin auch bei Musikern oder Künstlern erkennen, die beschließen, andere Formen von Inspiration als Sprungbrett in einen kreativen Strom zu nutzen - statt auf Drogen, Sex und Alkohol zurückzugreifen.

Seit seinem Seelenaufstieg hat Paul der Venezianer Studenten der Kunst, der Musik, der Architektur und der Technik bei der Schöpfung von Schönheit, Symmetrie und Design als Mentor unterstützt. Dieser Meister des dritten Strahls ist uns auch ein hervorragender Lehrer, der uns beibringt, wie wir unsere eigene Christusschaft definieren, indem wir die Seele perfektionieren und die intuitiven und kreativen Fähigkeiten des Herzens entfalten. Er ist der Meinung, dass die Schöpfung von Schönheit - in welcher Form auch immer - von grundlegender Bedeutung ist, um das Kind in uns allen zu nähren und zu entwickeln. Sie ist ebenso wichtig, um die Seele auf ihrem Pfad zum Aufstieg zur Reife zu führen. An erster Stelle lobt Paul der Venezianer unsere angeborene Schönheit als herrliche Schöpfung Gottes. Er ist auch ein Verfechter der Notwendigkeit, nach unserem Höheren Selbst zu streben. Er sagt: "Ich hoffe, dass auch ihr erkennt, dass ihr ein großartiges Geschöpf seid, eine Manifestation Gottes - und keine belanglose Person, keine menschliche Kreation voller Fehler und Schwächen, sondern ein Kind des Lichts, großartig in jeder Hinsicht und Dimension - das Werk von Gottes

Händen, das Werk eurer eigenen göttlichen Gegenwart, die heute und auf ewig Freude manifestiert - auf ewig, auf ewig, auf ewig!"[16]

Meditation: Die Liebesflamme im Herzen verstärken

Indem wir unsere Herzensflammen verstärken, können wir uns Paul dem Venezianer nähern und ihm ähnlicher werden. Diese Meditation wurde entwickelt, um den Strom der Liebe, der durch Ihr Herzchakra fließt, zu verstärken und zu erhöhen. Versuchen Sie, diese immer dann durchzuführen, wenn Sie das Gefühl haben, dass Sie kraftlos oder ausgelaugt sind.

1. Setzen Sie sich aufrecht hin, schließen Sie die Augen und atmen Sie tief ein und aus.

2. Konzentrieren Sie sich auf Ihr Herz. Legen Sie Ihre Hand darauf, damit Sie Ihre Aufmerksamkeit besser darauf lenken können.

3. Stellen Sie sich vor Ihrem geistigen Auge Ihr Herzchakra mit zwölf wunderschönen, strahlend rosafarbenen Blütenblättern vor, wie bei einer Rose.

Das Herzchakra

4. Singen oder chanten Sie das Mantra "Heilig, heilig, heilig", um Ihr Herzchakra zu öffnen.

Heilig, heilig, heilig, Herr,
du allmächtiger Gott,
du bist heilig in deiner Manifestation
im Menschen!

5. Chanten Sie das Bija-Mantra für das Herzchakra, Klim, um das brillante, rosenfarbene Licht in Ihrem Herzzentrum zu verstärken, bis es Ihren gesamten Brustbereich flutet.

Klim

(ausgesprochen: Kliem)

6. Versiegeln Sie Ihre Meditation, indem Sie das OM chanten.

Die Refugien von Paul dem Venezianer

Paul der Venezianer nutzt zwei ätherische Refugien: Sein eigenes Refugium heißt "Château de Liberté" (Schloss der Freiheit). Es befindet sich über der Rhone in Südfrankreich. Es ist ein riesiges Refugium, das als Galerie und Museum dient. Im Château de Liberté sind Kunstarchive sowie Kunstwerke aus vielen Kulturen und Zivilisationen untergebracht. Außerdem beherbergt es endlose Schulungsräume, in welchen große Kunstwerke aller Epochen ausgestellt sind. Es gibt dort viele Gemälde von Paul, von seinen Schülern und von anderen Meistern. Es werden Workshops für Musiker, Schriftsteller, Bildhauer, Gesangsschüler sowie Handwerker aller Richtungen abgehalten. Es sind ferner die Werke Aufgestiegener Meister ausgestellt, die neue Techniken in allen Bereichen der Kunst eingeführt haben.

Ein herrliches Gemälde der Heiligen Dreifaltigkeit, von Paul ausgeführt, ziert die Haupthalle des Château de Liberté. Es zeigt die majestätische Darstellung des himmlischen Vaters, die Figur des Sohnes in der Gestalt Jesu sowie eine eindrucksvolle weiße Taube mit einer Flügelspannweite von etwa drei

Metern als Brennpunkt für den Heiligen Geist. Unter dem Gemälde sind die Worte "Perfekte Liebe vertreibt die Angst" in goldenen Buchstaben eingeprägt.[17]

In diesem Refugium gibt es auch einen kreisrunden "Flammenraum". In der Mitte dieses Raumes erhebt sich eine dreifältige Flamme der Freiheit, die Lilie, die in einem goldenen Kelch konzentriert ist. So wie Ihre Herzensflamme - als der unsterbliche Teil von Ihnen - Ihr persönlicher Schlüssel zur Freiheit ist, da sie Ihr unsterblicher Anteil ist, so ist diese Flamme der Strahl der Freiheit für den gesamten Rückzugsort. Auf dem Grund des Kelches befindet sich eine Konzentration des kristallenen Feuernebels, des weißen Lichtes, aus dem die dreifältige Flamme mit ihrer rosafarbenen, gelben und blauen Zunge hervorgeht. Die Flamme erleuchtet mit ihren Strahlen den Raum so hell wie die Sonne.

Anhänger betreten den Flammenraum, um der Flamme ihren Respekt zu zollen und ihre Pulswellen, die sich wie der Rhythmus eines gigantischen Herzschlages ausweiten, für kurze Zeit aufzunehmen. Die Konzentration ist so intensiv, dass die Anhänger gebeten werden, in anderen Räumen zu meditieren,

die extra zu diesem Zweck bereitgestellt werden. Das gesamte Refugium schwingt im pulsierenden Rhythmus dieser Flamme der Freiheit.
Das zweite Refugium, das Paul der Venezianer nutzt, ist der Sonnentempel über Manhattan in New York City. Es ist das ätherische Refugium von Pauls spiritueller Mutter, der Göttin der Freiheit, der Aufgestiegenen Meisterin, die ihre Flamme der Freiheit in der Freiheitsstatue verankert hat.

Ruth Hawkins, die Zwillingsflamme von Paul dem Venezianer, ist ebenfalls Künstlerin. Sie ist im Jahr 1995 aus dem Sonnentempel aufgestiegen. Ihre Flamme des Aufstiegs ist daher dort ebenfalls für immer verankert. Paul hat gesagt, dass Ruth während ihrer Zeit auf Erden seine Fackel des Liebesstrahls ganz allein trug. Da Ruth nun aufgestiegen ist, hat Paul der Venezianer darum gebeten, dass jeder von uns eine Fackel des Liebesstrahls, die sie gehalten hat, tragen möge. Um zu lernen, wie wir diese Bitte erfüllen können, können wir die Engel darum bitten, unsere Seelen während der Studienzyklen an den Universitäten des Geistes in Pauls Unterrichtsstunden im Sonnentempel zu begleiten. Dort können

Ruth Hawkins

wir darum bitten, dass man uns lehren möge, wie wir die Liebe in unseren Herzen und in den Herzen aller Menschen auf der Welt, insbesondere in denen der Jugend, intensivieren können.

Wenn ihr für die Disziplinen der Liebe bereit seid, lade ich euch [in mein Refugium] ein. Kommt auf den Schwingen der Lieder und der Ehre. (...) ICH BIN und bleibe der Verfechter der stärkenden Kraft der Liebe.[18]

Paul der Venezianer

Schlüssel zur Arbeit mit Paul dem Venezianer

Wenn Sie sich aktiv darum bemühen, Paul den Venezianer als Mentor zu gewinnen, können Sie die positive Auswirkung des dritten Strahls auf Ihr tägliches Leben erhöhen. Im Folgenden finden Sie einige praktische Schritte, um ein inneres Band zu ihm zu knüpfen, sodass er Ihnen dabei helfen kann, die kreativen Fähigkeiten Ihres Herzens zu entfalten.

1. Anrufung an Paul den Venezianer. Sie können jederzeit eine kurze Anrufung oder ein Gebet sprechen und ihn bitten, Ihnen dabei zu helfen, Mitgefühl, Schönheit, Geduld, Verständnis, Kreativität und Liebe zu entwickeln. Ihre Bitte kann dabei ganz spezifisch oder auch allgemein sein, wie etwa: "Geliebter Paul der Venezianer, bitte hilf mir, mehr Geduld im Umgang mit meinen Kindern zu entwickeln." Oder: "Lieber Paul der Venezianer, bitte komm' und sei mein Mentor, damit ich die Kreativität meines Herzens zum Ausdruck bringen kann."

2. **Entwickeln Sie Ihre Talente.** Wenn Sie eine künstlerische Ader besitzen, werden Sie sich wahrscheinlich ganz darauf konzentrieren wollen, diese Fähigkeiten mehr zu entfalten. Oder vielleicht würden Sie gern - für den Fall, dass Sie nicht von Natur aus künstlerisch veranlagt sind - ein Hobby beginnen, das die natürliche Anmut der Seele verstärkt, wie etwa Yoga, Ballett, Tanz oder Wandern. Paul sagte über solche Aktivitäten Folgendes: "Klang- und Musikmuster, die man umsetzt und mit Leben füllt, werden zum Mittel, um das Herzchakra zu öffnen, Spannungen abzubauen und daher die Liebe und die Wertschätzung für das Leben zu stärken."[19]

3. **Sprechen Sie das Mantra "Oh Gott, du bist so wundervoll!"** Paul sagt, dass diese Worte automatisch eine starke, herzerwärmende Energie aus dem Zentrum von Gottes Existenz freisetzen und eine stärkere Wahrnehmung seiner allzeit umfassenden Liebe schenken. Während wir diese Worte sprechen, bekräftigen wir: "ICH BIN Gott, wo ICH BIN. ICH BIN schön. ICH BIN wundervoll." Da dieses Mantra so einfach ist, können

wir es auch unseren Kindern beibringen. Paul sagt: “Sprecht diesen Satz täglich in tiefer Verehrung. Sprecht ihn viele Male in den stillen Winkeln eures Geistes und eures Herzens. Sprecht ihn, während ihr die Schönheiten der Natur beobachtet - die schönen Blumen, die Bäume, den blauen Himmel, die Wolken, die dahinziehen, und auch die Gesichter der Kinder. (...) Sprecht ihn im Gefecht mit jedem erschöpfenden Problem und beobachtet, wie ihr an Stärke gewinnt, wenn ihr den Herrn preist!”[20]

4. **Widmen Sie sich von Zeit zu Zeit einer inneren Selbstbetrachtung.** Paul empfiehlt den Prozess der Selbstanalyse, um mit den Zielen des inneren Menschen des Herzens in Kontakt zu bleiben. Hierzu sagt er: “Es gibt Zeiten, da der Mensch sich aus einem inneren Impuls heraus mit der Notwendigkeit befasst, Rückblick zu halten und Einblick in sein eigenes Inneres zu gewinnen, wenn er das abwägt, was sich in seinem Leben alles ereignet hat - seine Niederlagen und Erfolge, seine Schritte nach vorn und auch seine Rückschritte, das Niveau seiner Leistungen in der

Vergangenheit und heute sowie einfach die Frage, was er ist und wo er dem, was und wo er sein möchte, entgegenarbeitet. Mit dieser Methode kann der Mensch sein persönliches Tempo bei seinen Fortschritten abschätzen und Schritte einleiten, um all dem entgegenzuwirken, was ihn davon abhält, seine vorrangigen Ziele zu verfolgen."[21]

5. **Sprechen Sie das Mantra "Komm', Heiliger Geist, erleuchte mich!"** Paul der Venezianer sagt, dass wir durch tägliche Gebete an den Heiligen Geist große Heilung erfahren können: "Wisset, dass ihr ihn [den Heiligen Geist] zu jeder Tages- und Nachtstunde anrufen dürft, und er wird euch antworten. Er wird euch annehmen und euch den Trost und die Unterstützung, die Heilung, die göttliche Führung - und vor allem die Erleuchtung bringen. 'Komm', Heiliger Geist, erleuchte mich!' Möge dies ein Mantra sein, auf das ihr zurückgreift, wenn ihr Entscheidungen trefft."[22]

Möget ihr gesegnet sein!
Möget ihr im Licht und im Sieg, in der
Einheit und im Selbstausdruck des
wundervollen, göttlich-freien Wesens
gesegnet sein, das ihr seid.
Möge euer Herz gesegnet sein.
Möge eure dreifältige Flamme
gesegnet sein.
Möge eure Liebe für immer als die
Liebe Gottes gesegnet sein.[23]

Paul der Venezianer

2.

Wir stellen vor: Der Aufgestiegene Meister Nicholas Roerich

Nicholas Konstantinovich Roerich wurde am 10. Oktober 1874 in St. Petersburg in Russland geboren. Er wuchs auf dem großen Landsitz seiner Familie auf, und die Schönheit Nordrusslands inspirierte ihn zu einer lebenslangen Liebe zur Natur. Er liebte auch die Jagd, die Musik und das Reiten, und er hatte ein leidenschaftliches Interesse an Naturwissenschaften, Archäologie und russischer

Nicholas Roerich mit Guga Cohan [38]

Geschichte. Als Jugendlicher schrieb Nicholas Geschichten, Gedichte und Theaterstücke, von welchen einige auch veröffentlicht wurden. Ein Freund seines Vaters erkannte sein künstlerisches Talent und gab ihm seine ersten Unterrichtsstunden im Bereich der Kunst.

Als im Jahr 1893 für Nicholas der Zeitpunkt gekommen war, um die Universität zu besuchen, wollte er der Kunst nachgehen, doch sein Vater wollte, dass er Jura studierte. Nicholas beschloss daher, beides zu studieren. Den größten Einfluss auf Roerich übte während jener Jahre wahrscheinlich sein Kunstlehrer, Arkhip I. Kuinji, aus, über den er sagte: "Der herausragende Meister Kuinji war nicht nur ein bemerkenswerter Künstler, sondern auch ein großer Lehrer des Lebens."[24] Als Abschlussprojekt seines Studiums an der "Kaiserlichen Akademie der Künste" ("Imperial Academy of Arts") reichte Nicholas sein Gemälde mit dem Titel "Der Bote" ein. Es wurde sowohl von Kunstkritikern als auch von Sammlern hochgelobt. Nach dieser prestigeträchtigen Anerkennung zog Roerichs Werk das Interesse der gesamten Kunstwelt auf sich.

Im Oktober 1901 heiratete Nicholas Helena Ivanovna Shaposhnikov. Sie war ihm Inspiration und Stütze in seinem gesamten Leben. Die Meister haben offenbart, dass sie seine Zwillingsflamme war. Sie hatten zwei Söhne, Georg und Svetoslav. Im Jahre 1901 wurde Nicholas zur "Society for the Encouragement of the Fine Arts" ("Gesellschaft zur Förderung der Bildenden Künste") berufen. Dann, im Jahr 1907, begann er, sein Talent für

Bühnen- und Kostümdesign einzusetzen. Dies bescherte ihm eine erfüllte und erfolgreiche Karriere.

Die Roerichs verließen Russland und zogen 1918 nach Finnland. Im Jahr 1920 kam Nicholas auf Einladung des Leiters des Kunstinstituts von Chicago in die Vereinigten Staaten. Im gleichen Jahr gründete er mit Helena Gruppen, die sich dem Studium des Agni Yogas, des Yogas des Feuers, widmeten. Dabei handelt es sich um eine aktive Form von Yoga und weniger um das Üben von Askese. Nicholas und Helena dienten den Aufgestiegenen Meistern El Morya und Lord Maitreya als Sekretäre. Sie schrieben deren Lehren in Büchern nieder, die von der Agni-Yoga-Gesellschaft heute noch veröffentlicht werden. Nicholas reiste auch quer durch Amerika, um Vorträge zu halten und seine Werke auszustellen. Er gründete das "Meisterinstitut für vereinte Künste", eine internationale Künstlervereinigung namens *Cor Ardens* ("Flammendes Herz") sowie ein internationales Kunstzentrum in New York, das *Corona Mundi* ("die Weltenkrone") genannt wurde. Ihm zu Ehren wurde 1923 in New York das Roerich-Museum gegründet.

Nicholas' Leben orientierte sich an den Bodhisattva-Idealen[25] von Mitgefühl, Mut, stetem Streben und der Entwicklung von *virya*, was übersetzt "Kraft", "Energie" und "Stärke" bedeutet. Sowohl Nicholas als auch Helena waren stark an östlicher Philosophie und Religion interessiert. Im Jahr 1923 segelten sie nach Indien und begannen eine vierjährige Reise durch den Osten, um die alten Kulturen aus erster Hand zu studieren. Danach ließen sie sich dauerhaft im Kulu-Tal in Indien nieder. Auf jener Expedition entdeckte Roerich Legenden und Manuskripte, die von der Reise erzählen, die Jesus während seiner sogenannten verlorenen Jahre zwischen seinem 12. und 30. Lebensjahr unternommen hatte. Er schrieb über die Legenden, die die Pfade von Buddha und Christus miteinander in Verbindung bringen: "Es erstaunt nicht, dass die Lehren Jesu und Buddhas alle Nationen zu einer Familie zusammenführen. Schön ist jedoch, dass der lichtbringende Einheitsgedanke so klar und deutlich ausgedrückt wird."

Die Schriftstellerin Jacqueline Decter sagt, dass für Roerich das höchste Symbol für spirituelle Einheit die Weltenmutter war: "Der universellste aller großen

Die Weltenmutter [38]

Lehrer, das Symbol der spirituellen und kulturellen Einheit schlechthin - ist die Weltenmutter. (...) Roerich selbst hat es so ausgedrückt: 'Sowohl für den Osten als auch für den Westen ist das Bild von der Großen Mutter - die Weiblichkeit - die Brücke zur höchsten Vereinigung.' (...) Es gibt wenig Zweifel daran, dass sein Frauenbild von Helena Roerich inspiriert und beeinflusst wurde. Sie widmete viele ihrer Schriftwerke der Bestimmung der Rolle der Frau im neuen Zeitalter."[26]

Roerich setzte seine Kunst und sein Wissen auf dem dritten Strahl dazu ein, Seelen zu Höherem zu berufen. Er hatte in früheren Leben Kunst studiert und vor dieser letzten Inkarnation eine Zeit lang im Refugium von Paul dem Venezianer verbracht. Viele seiner Kunstwerke sind großartige Naturszenen. Seine Themen sind von der Geschichte, der Architektur und der Religion inspiriert. Seine Gemälde sind mystisch, allegorisch und sogar prophetisch. Sie zeigen immense Farbharmonien und vermitteln in aller Stille die Suche der Seele nach Erfüllung. Nicholas' Sohn Svetoslav schrieb über seinen Vater: "Jede seiner Bemühungen war an der Verwirklichung des Schönen orientiert. (...) Durch all seine Gemälde und Schriftstücke zieht sich durchgängig der rote Faden (...) und die Botschaft des Lehrers, der seine Schüler dazu aufruft, zu erwachen und nach einem neuen Leben, einem besseren Leben, einem Leben in Schönheit und Erfüllung zu streben."[27]

Im Jahr 1935 ging mit der Unterzeichnung des "Roerich-Paktes" eines der lebenslangen Ziele von Roerich in Erfüllung, nämlich das Ziel, das Weltkulturerbe

Pearl of Searching [38]

zu bewahren. Mit diesem Pakt verpflichteten sich die Nationen, Museen, Universitäten, Kathedralen und Bibliotheken in der gleichen Weise zu respektieren wie Krankenhäuser. So wie Krankenhäuser in Kriegszeiten die Rot-Kreuz-Flagge hissen, würden kulturelle Institutionen Roerichs "Friedensflagge" hissen, eine Flagge, die auf einem weißen Feld in der Mitte drei rote Punkte zeigt, die von einem roten Kreis umgeben sind. Roerich glaubte, dass die spirituelle Gesundheit der Nationen bewahrt bliebe, wenn man die Kultur unter Schutz stellt. Roerich wurde aufgrund seiner Anstrengungen, den internationalen Frieden über Kunst und Kultur zu fördern

Die Friedensflagge [30]

und Kunstschätze in Kriegszeiten zu schützen, in den Jahren 1929 und 1935 für den Friedensnobelpreis nominiert.

Nicholas Roerich verstarb am 13. Dezember 1947 im Alter von 73 Jahren an einem Herzinfarkt. Er hatte sich seinen Seelenaufstieg verdient. Der Name Nicholas bedeutet "der, der überwindet", und Roerich heißt "ruhmreich". In seinem Leben hat er beides erfüllt.

Als Aufgestiegener Meister hat Roerich uns einige wichtige Schlüssel für den spirituellen Fortschritt gegeben. Er gab folgende Hinweise:

1. "Werdet daher der Arbeit niemals müde[28], die euer Dharma, eure Pflicht ist. Euer Ziel sollte es sein, wieder ganz zu werden."[29]

2. Benutzen Sie die violette Flamme. "Das große Geschenk der violetten Flamme (...) ist in der Tat das Mittel zur Beschleunigung des Aufstiegsprozesses. Es ist *agni*. Es ist das Feuer der größten Yogis. Oh, lasst das Feuer in (...) eurem Wesen die violette Flamme sein!"[30]

3. Rufen Sie ihn an und bitten Sie ihn, seinen Lichtkelch empfangen zu dürfen, den er Ihnen jeden Tag geben wird, solange Sie "auf der Wellenlänge des Aufgestiegenen, des Aufstrebenden sind."[31]

4. Schließen Sie seinen Namen in Ihre Dekrete und Präambeln ein, da er eng mit El Morya, Kuthumi und Djwal Kul zusammenarbeitet, um

"all diejenigen, die sich auf dem Pfad des heiligen Feuers befinden", zusammenzubringen.

5. "Seid Überwinder auf eurem Weg. (...) Überwindet jede Hürde, die euch in den Weg gestellt wird. Jede einzelne Bowlingkugel, die euch auf dem Weg entgegenrollt, will überwunden werden. Das erwartet das Leben von euch. Diese Erwartung müsst ihr auch an euch selbst stellen - um alle Hindernisse zu überwinden, die euch von allen Seiten (...) begegnen."[32]

6. Beten Sie die Gottmutter an: "Wahrhaftig, mein/e Liebe/r, bete diese Mutter an. Erhöhe diese Mutter in dir wahrhaftig. Grüße sie wahrhaftig mit folgenden Worten:

    Gegrüßet seist du, Maria!
    Gegrüßet seist du, Kuan Yin!
    Gegrüßet seist du,
    oh du Prächtige aller Zeiten!
    Gegrüßet seist du, oh Weltenmutter!"[33]

2.

Die befreiende Macht des Wortes

Die Liebe der göttlichen Mutter

So wie ein Kind von der Liebe seiner menschlichen Mutter tief berührt wird, werden unsere Seelen von der alles umfangenden Liebe der göttlichen Mutter emporgehoben. Sie nimmt viele Formen an und liebt uns auf so vielfältige Weise, von der bedingungslosen Liebe hin zur strengen Disziplin.

Eine liebevolle Beziehung zu dieser Seite unseres Vater-Mutter-Gottes kann uns die Tür zu unvorstellbarem Segen öffnen. Um uns dabei zu helfen, unsere Mutter kennenzulernen und eine wechselseitige Beziehung aufzubauen, können wir Mantras benutzen, um mit den Herzen von Kuan Yin und Mutter Maria Kontakt aufzunehmen. Sie sind zwei Vertreterinnen der göttlichen Mutter des Ostens und Westens. Wir können auch in uns selbst die gleiche Liebe und Ehrerbietung für die Weltenmutter entfachen, die seinerzeit im Herzen von Nicholas Roerich brannte, indem wir ein hingebungsvolles Dekret sprechen.

Kuan Yin: Göttliche Mutter des Ostens

Kuan Yin

Kuan Yin ist als die von Mitgefühl erfüllte Erlöserin des Ostens bekannt. Überall im Orient sind Kuan Yin als Mutter der Gnade in Tempeln, Häusern und Grotten am Wegesrand Altäre geweiht. Ihre Anhänger haben beständig Gebete an ihre Gegenwart und an ihre Flamme auf den Lippen, mit welchen sie um ihre Führung und ihren Beistand in jedem Bereich ihres Lebens bitten. Kuan Yin ist Hierarchin des ätherischen Gnadentempels über

Peking/China. Sie bündelt dort die Flamme der Gnade und der Vergebung für die Menschen von China und die Seelen der gesamten Menschheit. Heute wird Kuan Yin sowohl von den Taoisten als auch von den mahayanischen Buddhisten angebetet, besonders in Taiwan, Japan, Korea und China. Sie wird als Beschützerin von Frauen, Seefahrern, Händlern, Handwerkern, Verfolgten und Menschen mit Kinderwunsch verehrt. Kuan Yin, die als Mutterfigur und göttliche Mittlerin geliebt wird und mit den täglichen Angelegenheiten ihrer Anhänger vertraut ist, wird in ihrer Rolle als buddhistische Madonna mit Maria, der Mutter Jesu, verglichen. Kuan Yin hat inzwischen das Interesse an ihrem Weg und ihrer Lehre bei einer wachsenden Zahl von Anhängern im Westen geweckt. Sie erkennen die kraftvolle Gegenwart der Göttin der Gnade, die eine Erleuchterin und Fürsprecherin im Wassermannzeitalter ist.

In einem Diktat mit dem Titel *Kuan Yins Versprechen* ("Kuan Yin's Promise") streckte diese heilige Mutter jedem von uns ihre Hand entgegen und enthüllte Pläne für das goldene Zeitalter, das vorhergesagt wird:

"Ruft mich an und entdeckt, wie ein Wort, ein Gebet und ein Befehl, den ihr an mich richtet, während ihr euch von einem Ort zum nächsten begebt, eure Welt wie durch ein Wunder verwandelt. (...)

Testet mich, meine Lieben. Denn ich komme genau dann, wenn die Heiligen ihren Tiefpunkt erreicht haben. Ich komme nämlich genau an dem Tag und zu der Stunde, da einige von ihnen vom Gewicht des Weltenkarmas übermannt werden. (...) Ich komme als Bodhisattva der Gnade aus der Gnade. (...)

(...) Ich umfasse die Gesamtheit der Mutterschaft Gottes und bündele sie. (...) Speziell für den siebten Strahl und das siebte Zeitalter, speziell für das Erwachen und den Sieg der Seelen - *durch die richtige Entscheidung, das richtige Handeln und die richtige Resonanz mit Gott*. ICH BIN so entschlossen, meine Lieben, dass dieses siebte Zeitalter ein goldenes Zeitalter sein soll, dass überall, wo ihr im Bewusstsein

Gottes seid, auch ICH BIN! Lasst die Wunder meines Kausalkörpers strömen! Lasst die Wunder von Kuan Yin strömen!"[34]

Der Name Kuan Shih Yin, wie sie besonders in China oft genannt wird, bedeutet wörtlich: "diejenige, die die Klänge der Welt berücksichtigt, betrachtet oder hört". Es heißt, Kuan Yin sei gerade dabei gewesen, in den Himmel einzutreten, hielt jedoch auf der Schwelle inne, als die Schreie der Welt an ihre Ohren drangen.

Kuan Yin ist die weibliche Form von Avalokiteshvara, dem Bodhisattva des Mitgefühls im indischen Buddhismus, dessen Verehrung in China im dritten Jahrhundert nach Christus eingeführt wurde. Über Jahrhunderte hinweg wurde Kuan Yin in ihrer buddhistischen Rolle als Bodhisattva dargestellt, wörtlich "als ein Wesen von Bodhi oder der Erleuchtung", das dazu bestimmt ist, ein Buddha zu werden, das jedoch auf den Segen des Nirvanas zugunsten des Gelübdes verzichtet hat, alle Kinder Gottes zu retten.

Anhänger können diese Kraft der Bodhisattvas und ihr gnadenvolles Eingreifen mit dem Mantra *Om Mani Padme Hum* anrufen. Dies bedeutet: "Gegrüßet sei der Juwel im Lotos!" Oder wie es auch interpretiert wird: "Gegrüßt sei Avalokiteshvara, der Juwel im Herzen des Lotos!"

Meditationen: Mit Kuan Yin kommunizieren

Kuan Yin kommt und trägt die Flamme der Gnade, der Freiheit und der Vergebung – alles Eigenschaften des siebten Strahls. Die folgenden Meditationen können Ihnen dabei helfen, mit ihrem Herzen in Resonanz zu gehen und Sie zu ihrer Gegenwart zu führen, während Sie mit ihrem Mantra dieses wundersame Licht anrufen. Die erste Meditation ist länger, ausführlicher und andächtiger. Die zweite ist kürzer und ideal für straffe Zeitpläne und Momente, in welchen Sie den schnellen Auftrieb und trotzdem die unendliche Liebe einer Mutter brauchen.

1. Meditation

1. Suchen Sie sich einen ruhigen Ort – im Haus oder im Freien –, an dem Sie ungestört sind.

2. Konzentrieren Sie sich auf Ihr Herz, und atmen Sie tief ein und aus, bis Ihr Körper entspannt und Ihr Geist im Frieden ist.

3. Folgen Sie den Worten dieser Meditation, lassen Sie zu, dass Sie mit Kuan Yin in Kommunikation treten – und spüren Sie die Anmut ihrer Gegenwart. Schließen Sie, wann immer Sie möchten, Ihre Augen, um Ihre Visualisierungen und Ihre Kommunikation zu vertiefen. Sie können auch eine sanfte Musik im Hintergrund spielen lassen.

Es ist ein wunderschöner Frühlingstag. Sie gehen auf dem Tempelgelände spazieren und betreten einen chinesischen Garten. Es liegt ein zarter Duft von Fliederblüten in

Kuan Yin

der Luft, der Sie daran erinnert, Ihre Hoffnung in die Eigenschaften der Gnade und der Güte zu setzen.

Sie schlendern an den Blumenrabatten entlang und halten immer wieder an einem anderen Schrein inne, der der Gnadenmutter Kuan Yin geweiht ist. Sie erfahren ihren Segen durch ihre Gegenwart, die in jedem erlesenen Abbild aus Porzellan,

Holz oder Stein verkörpert ist, die alle mit Blumen- und Obst-Opfergaben geschmückt sind. Sie staunen, wie feinsinnig diese liebreizende Göttin ist, und erkennen, dass die Kunst von Kuan Yin die Welt in der Tat auf eine Art und Weise berührt, die nur wenige jemals verstehen werden.

Sie wandeln weiter und finden sich bald in einem Meer von üppigem rosafarbenem, violettem und purpurnem Flieder wieder. Inmitten dieser Pracht begegnet Ihnen eine chinesische Jungfer. Sie ist in fließende Gewänder gekleidet und trägt handgefertigten Jadeschmuck sowie eine kleine goldene Vase, die mit chinesischen Mustern verziert ist. Sie glüht förmlich vor Liebe und Mitgefühl. Es ist Kuan Yin, die Gnadenmutter. Sie schaut Ihnen mit dem liebevollen Blick in die Augen, mit dem nur eine Mutter ihr Kind anschaut. Sie sehen Ihr eigenes Spiegelbild in Kuan Yins Herzensflamme – und gleichermaßen wird sie in Ihrer Flamme widergespiegelt.

Dann nimmt Kuan Yin Sie bei der Hand, und Sie spazieren mit ihr die Wege entlang. Sie erzählen ihr leise flüsternd von Ihren Sorgen und Nöten mit Ihren Liebsten von nah und fern. Sie dreht sich um und lächelt Sie an. Dann hebt sie ihre Vase hoch und gießt über Ihnen die rosa-violette Essenz der Flamme der Gnade aus. Diese rieselt sanft wie ein liebkosender Wasserfall aus Blütenblättern über Sie und umfängt Sie ganz. Sie empfinden eine friedliche, gnadenvolle Liebe, die Ihre Sorgen auflöst und göttliche Lösungen in Ihr Herz hineinlässt. Sie sehen, wie Ihre Lieben diesen Wasserfall des Gnadenlichts ebenfalls empfangen. Sie werden darin gebadet, davon geheilt. Während Sie in tiefere Ebenen der Meditation über Kuan Yins Gnade vordringen, wird sie immer größer, bis sie größer ist als der Planet selbst. Sie hebt ihre Phiole der Gnade über die Erde und gießt ihr liebevolles Mitgefühl über alle Lebewesen. Diese Gnade bedeckt den gesamten Planeten und dringt in ihn ein, bis er wie eine rosa-violette Kugel aus sanftem, friedlichem Licht aussieht. Die Erde lebt mit der Geburt des Frühlings und der Wiederauferstehung auf, während die Ankunft der Mutter alles mit ihrer gnadenvollen Liebe und ihrem vollendeten Frieden verwandelt.

Aus Dankbarkeit und Liebe angesichts dieser wunderbaren Spende aus dem Herzen und dem Kausalkörper von Kuan Yin rezitieren Sie ihr Mantra mehrmals hintereinander. Während Sie es rezitieren, lassen Sie zu, dass Sie Kuan Yins endlose Gnade zu allen Menschen fließen lassen, die diese Erde bewohnen.

Om Mani Padme Hum

Wenn Sie mit dem Rezitieren des Mantras fertig sind, verneigen Sie sich zum Abschied leicht vor Kuan Yin und beginnen, entlang der lieblichen Gartenpfade zurückzuwandeln. Spüren Sie während des Rückwegs, wie sich Ihr Bewusstsein langsam wieder in ein Gefühl für Ihren physischen

Körper umwandelt. Wenn Sie sich wieder vollkommen mit Ihren vier niederen Körpern verbunden haben, öffnen Sie langsam die Augen.

4. Singen Sie zum Abschluss Ihrer Meditation das OM, und verankern Sie damit Ihre geistigen Erfahrungen in der Materie.

2. Meditation

1. Visualisieren Sie eine schöne weiße Lotosblüte über Ihrem Herzen.
2. Sehen Sie, wie Kuan Yin auf dem Lotos sitzt

und ihr Licht und ihre Gnade in Ihr Bewusstsein hinüberfließen lässt.

3. Sprechen Sie voller Hingabe das Mantra Om Mani Padme Hum, während Kuan Yin Ihnen liebevoll das Licht ihres Kausalkörpers und ihrer Verwirklichung zuteilwerden lässt. Schicken Sie, während Sie das Mantra wiederholen, Ihre Herzensliebe an sie zurück, und stärken Sie so das Band der Liebe, das Sie mit Kuan Yin verbindet.

Om Mani Padme Hum

Mutter Maria – göttliche Mutter des Westens

In vergleichbarer Weise, wie Kuan Yin als göttliche Mutter des Ostens verehrt wird, wird Mutter Maria als göttliche Mutter des Westens angebetet. Besonders in der traditionellen katholischen Lehre wird Maria als die göttliche Mittlerin betrachtet. Sie öffnet uns die Tür, um die Verkörperung des

Christusbewusstseins wahrhaft verstehen zu können. So wie sie den Christus in ihrem Sohn Jesus genährt und bemuttert hat, kann sie auch uns dabei helfen, voll und ganz zu unserem Christusselbst zu werden.

Wir können Maria als wahre Freundin und ältere Schwester auf dem Weg betrachten, die uns führen und segnen kann. Mutter Maria kann in unserem Leben zu einer solch realen Präsenz werden, dass wir sie auf eine Tasse Tee in unser Heim einladen und mit ihr über unsere Probleme sprechen können - in dem Wissen, dass sie uns an den Wohltaten ihres unbefleckten Herzens teilnehmen lassen wird. Wir können zu ihr eine persönliche Beziehung herstellen und darauf vertrauen, dass ihr Rat uns unbeirrt auf unserem Weg leiten wird, wenn wir nur bereit sind, wahrhaftig darauf zu hören und ihn zu befolgen.

Als göttliche Mutter des Westens äußerte sich Mutter Maria einmal folgendermaßen: "Die gesegnete Kuan Yin ist als Erlöserin des Ostens bekannt geworden, die dieselbe, ja identische Funktion hat wie ich. Dennoch lässt jede von uns ihre persönlichen Errungenschaften und Erfahrungen aus der Vergangenheit mit in dieses Amt einfließen, die sich allerdings schon allein darin unterscheiden, dass wir auf verschiedenen Strahlen dienen."[35]

Mutter Maria ist die Erzengelin des fünften Strahls, des smaragdgrünen Strahls der Heilung, der Ganzheit, der Wahrheit, der Wissenschaft, der Fülle und der Präzipitation. So wie Kuan Yin die Energien des siebten Strahls - des violetten Strahls - überträgt, so überbringt Maria die Energien des fünften Strahls im Wassermannzeitalter.

Das Wassermannzeitalter ist dazu bestimmt, eine Zeit zu sein, in der das Licht des Heiligen Geistes und der göttlichen Mutter in den einzelnen Menschen und auf der Erde angehoben wird. Wir können Mutter Maria darum anrufen, diesen Prozess durch ihre Fürsprach und ihre Förderung zu beschleunigen. Maria bedeutet "Ma-ria", für "der Mutterstrahl". Indem wir das Mutterlicht anbeten, das Mutter Maria verkörpert, beginnen wir, dessen Anmut in unser Wesen aufzunehmen und die Energie der göttlichen Mutter in uns vom Wurzel- bis zum Kronenchakra emporsteigen zu lassen.

Eine Möglichkeit, um das Mutterlicht entlang unserer Wirbelsäule aufsteigen zu lassen, besteht darin, das *Ave Maria* zu rezitieren, wie es Elizabeth Clare Prophet von Mutter Maria diktiert wurde. Sie können dieses Aufsteigen des Mutterlichts noch weiter verstärken, indem Sie sanfte Aufwärtsbewegungen mit den Händen machen, während Sie das Gebet sprechen. Bilden Sie dazu einfach mit den Händen zu beiden Seiten Ihres Körpers Halbschalen, und heben Sie diese langsam von Ihrem Wurzelchakra bis zu Ihrem Kronenchakra empor. Wiederholen Sie diese Bewegung, während Sie das Gebet mindestens dreimal mit tiefer Hingabe sprechen.

Sie können das Gebet so oft wiederholen, wie Sie möchten. Meditieren Sie über die Worte und spüren Sie, wie liebevoll das Herz dieser göttlichen Mutter ist, die Sie dabei unterstützt, die volle Größe Ihres Christusselbst als Sohn oder Tochter Gottes hier und jetzt zu erlangen.

Gegrüßet seist du, Maria, voller Gnade,
der Herr ist mit dir.
Gesegnet bist du unter den Frauen,
und gesegnet ist die Frucht deines Leibes,
Jesus.

Heilige Maria, Mutter Gottes,
bete für uns, Söhne und Töchter Gottes,
jetzt und in der Stunde unseres Sieges
über Sünde, Krankheit und Tod.

(Es folgt der englische Originaltext.)

Hail, Mary, full of grace,
The Lord is with thee.
Blessed art thou among women
And blessed is the fruit of thy womb, Jesus.

Holy Mary, Mother of God,
Pray for us, sons and daughters of God,
Now and at the hour of our victory
Over sin, disease and death.

Mutter Maria hat uns eine spezielle Methode gelehrt, um uns sowohl an Kuan Yin als auch an sie selbst zu wenden: “Ich bin mit dir, wenn du das *Ave Maria* betest. Du kannst es sogar abwechselnd mit dem *Om Mani Padme Hum* sprechen, und Kuan Yin und ich werden eine purpur-smaragdgrüne Girlande weben, ein Seil, das zur Rettungsleine wird, die wir in die astralen Fallgruben hinabwerfen.[36] Greift nach dem Seil! Greift nach dem Seil! Greift nach dem Seil der göttlichen Mutter! Steigt von den Tiefen empor in die Höhen! Es ist machbar und möglich! Es wird möglich gemacht werden!”[37] In der Tat - welche Mutter würde nicht in die tiefsten Tiefen der Hölle hinabsteigen, um das Kind zu retten, das sie liebt - und jeder von uns wird von diesen beiden göttlichen Müttern zutiefst geliebt.

Die Weltenmutter

Während bestimmte Vertreter der göttlichen Mutter einzigartige Segnungen mit sich bringen, gibt es auch Zeiten, da die Seele sich nach der grenzenlosen Liebe der universellen Mutter sehnt. Nicholas Roerichs Kunst spiegelt die Hingabe, die Liebe und den Kontakt zu diesem kosmischen Wesen wider. Es gibt Zeiten, da auch wir mit ihr als Wesen kommunizieren können, das so unbegrenzt ist, dass man keine Worte dafür finden kann. Eine solche Kommunikation spiegelt sich im "Gebet an die Weltenmutter" wider.

Mark Prophet schrieb das "Gebet an die Weltenmutter" als ein Werk, das Gott durch ihn verfasst hat. Es wurde von ihm innerhalb von sechs Minuten niedergeschrieben. Die Originalfassung wurde niemals abgeändert. Sie können mit der Weltenmutter in tiefe Kommunikation treten, indem Sie sich auf Ihr Herz konzentrieren, während Sie dieses Dekret voller Hingabe sprechen. Schicken Sie ihr Ihre Liebe, und empfangen Sie ihre Liebe als Rückstrom, der in Ihr Herz fließt. Die Aufgestiegenen Meister haben uns gelehrt, dass ein solch hingebungsvoller Strom reiner Energie das gesamte Bewusstsein eines Menschen anheben und letztlich die Menschheit in die Vereinigung mit Gott bringen kann.

Gebet an die Weltenmutter

Oh Weltenmutter,
wir alle sind Kinder deines Herzens –
voneinander isoliert durch Belanglosigkeiten
bleiben wir abgeschnitten
von deiner kosmischen Ekstase.

Leidenschaften des kosmischen Friedens, wenn
allen verweigert,
binden die blinde Menschheit an die Sinne,
fesseln sie. Einander zu bekämpfen sind wir
verflucht –
in schauderhaften Taten, während wir
des Menschen schäbige, sinnlose Exkremente
gescheiterter Muster verschlingen, die hassgeladen sind –
die sinnlosen Schicksalswirrungen der Täuschung.

Lehre du nun, große stille Mutter,
deine Kindern, niemand anderen zu haben
als dich selbst – um unsere Hände von tödlichen Fehlern abzuhalten,
um unseren Geist von tödlichem Terror fernzuhalten,
um unsere Herzen im heute höchsten Ziel zu versiegeln,
um deine kosmische Vereinigung zu schmieden – Wirklichkeit, Gottestraum.

Lange war die Nacht finster gewesen
ohne das Licht deines strahlenden Menschensohnes –
während wir in der Sonne der vereinten Ganzheit stehen,
bekennen wir uns dazu, das Glück verloren zu haben.

Dein Dienst des reinen Lichts fürchtet den Wettstreit nicht,
Lass' keinen an dir zweifeln, sondern stattdessen
Resonanz finden mit deinem gesegneten Kopf
geheiligter Gedanken;

deine Liebe, die aus glühendem Herzen
kosmischer Träume strömt, die Gott selbst
ersonnen hat,
reinigt die Luft von jedem verwirrenden
menschlichen Traum,
der viele Leben spaltet, trennt und
entzweischneidet,
bis alle sich wundern,
wo denn der Fehler unter unsren Füßen liegt?
Soll uns das auf ewig besiegen –
niemals innehalten lassen und all unseren
Verstand rauben,
während unsere Weisheit dahinschwindet,
bis sie sich schließlich in Nichts auflöst?

ICH BIN ein Kind kosmischen Ursprungs;
makellos ist dein Konzept
meiner Bereitschaft, von Gott gelehrt
zu werden,
um zu lernen, wie man liebt, wie man Matrizen
dumpfen Verlangens zerschmettert.
Oh kosmische Mutter, entflamme
von deiner erhabenen Position aus mein Herz!

Möge ich mich durch den Impuls deiner Liebe
zur Quelle der Bruderschaft begeben,
wo ich all meinen Mitstreitern die Füße waschen
und ihnen allen dienen werde
und Poseidon aufsteigen sehe,
das neue Atlantis unserer Allheit,
das niemals mehr in die Kleinheit
des niederen Selbst zurücksinken wird,
das Kain hervorgebracht hat.
ICH BIN nun imstande,
als dein geliebter Sohn
zu dienen und zu regieren.

(Es folgt der englische Originaltext.)

Prayer to the World Mother

O Mother of the World,
We are all children of thy heart –
Kept apart by triviality,
We remain separate
From thy cosmic ecstasy.

Passions of cosmic freedom, when denied to all,
Bind blind mankind to sensedom, do enthrall.
To fight each other we are pledged –
By dreadful doings, dining
On man's shoddy, senseless spewings
Of aborted patterns charged with hate –
Delusion's senseless, fate confusions.

Do thou now, great silent mother,
Teach thy children how to have no other
Than thyself – to hold our hands from mortal error,
To keep our minds from mortal terror,
To seal our hearts in purpose now supreme,
To forge thy cosmic union – reality, God-dream.

Long the night has vacant been
From the light of thy radiant manchild;
Standing in the sun of united oneness,
We confess to loss of happiness.

Thy office of pure light fears no competition;
Let none doubt thee, but find instead
Attunement with thy blessed head

Of hallowed thoughts;
Thy love, which flows from glowing heart
Of cosmic dreams from God's own musing,
Clears the air from each confusing dream of man
That splits, divides and saws asunder
Many lives until all wonder,
Where's the blunder lying 'neath our feet?
Shall it defeat us evermore –
Never to pause and take our store
With all our reason, wisdom evanescent,
Vanishing to a point of nihilism?

I AM a child of cosmic diligence;
Immaculate is thy concept
Of my willingness to be God-taught,
To learn to love, to shatter matrices of dense desire.
O Cosmic Mother, from thy lofty star position,
Set my heart afire!

May I move by impulse of thy love
To the fount of brotherhood
Where, washing feet of all my competitors,
I shall serve them all
And see Poseidon rise,

The new Atlantis of our allness,
Nevermore to sink into the smallness
Of the lesser self that raiseth Cain.
I AM able now to serve and reign
As thy beloved Son.

Anmerkungen

01. Betty J. Eadie, "Vom Licht umfangen" (*Embraced by the Light*), Placerville, Kalifornien, Gold Leaf Press, 1992, S. 147.

02. Herausgegeben von Conari Press, "Freundlichkeit in die Praxis umgesetzt - Meditationen für mehr Frieden, Liebe und Mitgefühl im Alltag" (*The Practice of Kindness: Meditations for Bringing More Peace, Love, and Compassion into Daily Life*), Berkeley, Kalifornien, Conari Press, 1996, S. 154.

03. Das *Merriam Webster Wörterbuch der Zitate*, Springfield, Massachusetts, Merriam-Webster, Inc., 1992, S. 54.

04. Matthäus 22, 36-39.

05. Mutter Teresa, "Im Herzen der Welt - Gedanken, Geschichten und Gebete" (*In the Heart of the World: Thoughts, Stories, and Prayers*), Verlag Becky Benenate, Novato, Kalifornien, New World Library, 1997, S. 61 f.

06. Herausgegeben von Conari Press, "Freundlichkeit in die Praxis umgesetzt" (*The Practice of Kindness*), S. 64.

07. Herausgegeben von Conari Press, "Freundlichkeit in die Praxis umgesetzt" (*The Practice of Kindness)*, S. 216.

08. "Wahrlich, wahrlich, ich sage euch: Wer nicht das Reich Gottes annimmt wie ein Kind, der wird nicht hineinkommen." Markus 10, 15; Matthäus 18, 3; Lukas 18, 17.

09. "Perlen der Weisheit" (*Pearls of Wisdom)*, Band 44, Nr. 16, S. 159 f.

10. "Die Hauptwerke des Aristoteles" (*The Basic Works of Aristotle)*, herausgegeben von Richard McKeon, zitiert bei John Bartlett, "Bekannte Ziate" (*Familiar Quotations)*, 16. Auflage, Boston, Little, Brown and Company, 1992, S. 78.

11. *"Perlen der Weisheit" (Pearls of Wisdom)*, Band 14, Nr. 20, S. 79.

12. Mark L. Prophet and Elizabeth Clare Prophet, "Die Wissenschaft des gesprochenen Wortes" (*The Science of the Spoken Word)*, Corwin Springs, Montana, Summit University Press, 1991, S. 68.

13. Mark L. Prophet and Elizabeth Clare Prophet, "Die Herren der sieben Strahlen - Spiegel des Bewusstseins", *(Lords of the Seven Rays: Mirror of Consciousness)*, Corwin Springs, Montana, Summit University Press, 1986, 1. Buch, S. 121 ff.

14. A.a.O., S. 129.

15. Prophet, "Die Herren der sieben Strahlen" (*Lords of the Seven Rays)*, 2. Buch, S. 97 f.

16. Prophet, "Die Herren der sieben Strahlen" (*Lords of the Seven Rays)*, 1. Buch, S. 146 f.
17. 1. Johannes 4, 18.
18. "Perlen der Weisheit" *(Pearls of Wisdom)*, Band 16, Nr. 12, S. 49 f.
19. "Perlen der Weisheit" *(Pearls of Wisdom)*, Band 27, Nr. 3, S. 22.
20. Paul der Venezianer, "Hüter der Flammen, Lektion 2", *(Keepers of the Flame Lesson 2),* Corwin Springs, Montana: Summit University Press 1972, S. 7.
21. "Perlen der Weisheit" *(Pearls of Wisdom)*, Band 15, Nr. 8, S. 37.
22. "Perlen der Weisheit" *(Pearls of Wisdom)*, Band 38, Nr. 34, S. 377.
23. "Perlen der Weisheit" *(Pearls of Wisdom)*, Band 27, Nr. 3, S. 26.
24. Garabed Paelian, *Nicholas Roerich*, Agoura, Kalifornien, Aquarian Educational Group, 1974, S. 29.
25. Ein Bodhisattva widmet sich der Erleuchtung aller Lebewesen, die die Fähigkeit besitzen, Gefühle zu empfinden.
26. Jacqueline Decter, "Nicholas Roerich - Leben und Werk eines russischen Meisters", Sphinx-Verlag, Basel, 1995,.
27. Svetoslav Roerich, "Mein Vater" ("My Father") in *Nicholas Roerich,* New York, Nicholas Roerich Museum, 1974, S. 14 f.

28. *Dharma* ist ein Begriff aus dem Sanskrit und bedeutet wörtlich "tragen", "halten", "das, was das wahre eigene Wesen umfasst". Das Dharma einer Person ist deren Pflicht, ihren Sinn im Leben zu erfüllen. Es ist ihr göttlicher Plan, der sich wie ein roter Faden durch all ihre Inkarnationen zieht. Grundvoraussetzung für die Berechtigung einer Seele zu ihrem Aufstieg ist, dass sie ihr Dharma erfüllt.

29. "Perlen der Weisheit" *(Pearls of Wisdom)*, Band 33, Nr. 44, S. 563.

30. A.a.O., S. 564, 566.

31. A.a.O., S. 569.

32. A.a.O., S. 568.

33. A.a.O., S. 569.

34. "Perlen der Weisheit" *(Pearls of Wisdom)*, Band 31, Nr. 53, S. 426 ff.

35. "Perlen der Weisheit" *(Pearls of Wisdom)*, Band 27, Nr. 2, S. 12.

36. Die Astralebene hat die niederste Schwingungsfrequenz von Raum und Zeit. Dort werden die - bewussten und unbewussten - Gedanken und Gefühle der Menschheit gespeichert.

37. "Perlen der Weisheit" *(Pearls of Wisdom)*, Band 31, Nr. 51, S. 415.

38. Mit freundlicher Genehmigung des Nicholas Roerich Museum, New York

Über die Autoren

Elizabeth Clare Prophet und Mark L. Prophet waren Pioniere auf dem Gebiet der Erforschung von Techniken zur praktischen Spiritualität, wie etwa der kreativen Kraft des Klanges für das persönliche Wachstum und zur Verwandlung der Welt. Eine große Auswahl ihrer Bücher ist in mehr als 30 Sprachen übersetzt worden und wird weltweit vertrieben.

Die bisher unveröffentlichten Werke von Mark L. Prophet und Elizabeth Clare Prophet werden nach wie vor von Summit University Press herausgegeben.

136 Seiten, broschiert
ISBN 978-3-89845-389-9
€ [D] 6,95

Elizabeth Clare Prophet & Mark L. Prophet

Das Kronenchakra aktivieren

Weisheitslehren der Meister

"Sobald unser Kronenchakra – der Kelch für den Geist Gottes in uns – aktiviert ist, können wir zu einem Katalysator werden und ein ganzes Volk, eine Nation oder gar den gesamten Planeten Erde erleuchten."
Die Bestsellerautoren Elizabeth Clare und Mark L. Prophet machen eindringlich klar, dass jeder von uns das Potenzial besitzt, die Vereinigung mit dem Göttlichen zu erreichen, um so machtvolle konstruktive Veränderungen bei sich selbst sowie sogar für unseren Planeten herbeizuführen. Alle Schritte, die dazu nötig sind, werden in diesem Buch ausführlich beschrieben. Moderne Spiritualität und ihre praktische Umsetzung – für eine Bewusstseinserweiterung bei uns und bei der Erde.

128 Seiten, broschiert
ISBN 978-3-89845-370-7
€ [D] 6,95

Elizabeth Clare Prophet & Mark L. Prophet

Seelenreisen zu den Refugien der Meister

Außerkörperliche Reisen zu den ätherischen Refugien. Die Möglichkeiten, an den Universitäten der Aufgestiegenen Meister zu studieren, übersteigen bei weitem diejenigen, die wir an den besten Einrichtungen auf Erden vorfinden.
Elizabeth Clare und Mark L. Prophet schildern in diesem Buch, wie wir durch Seelenreisen während des Schlafs ein größeres Maß an Erleuchtung, Inspiration und Führung erlangen. Dies hilft uns dabei, sowohl unsere alltäglichen Aufgaben besser zu meistern als auch unsere spirituelle Entwicklung zu vervollkommnen.
Die Seelenreisen zu den Refugien der Meister führen uns in eine Welt, die ebenso real ist wie jene, in der wir leben – nur wesentlich faszinierender.

112 Seiten, broschiert
ISBN 978-3-89845-320-2
€ [D] 6,95

Elizabeth Clare Prophet

Die kosmische Hierarchie

Dieses Einstiegsbuch zu den Weisheitslehren der Meister beschreibt die Existenz meisterlicher geistiger Wesen, die jenseits des Schleiers leben. Erfahren Sie mehr über die drei Reiche der kosmischen Hierarchie, den Kontakt zu kosmischen Wesen oder über die Hierarchen der sieben Strahlen.
Vertiefen Sie sich in die verborgenen Dimensionen des Lebens, und lernen Sie durch die Begegnungen mit den Meistern, wie auch Sie die göttlichen Eigenschaften des Willens, der Weisheit und der Liebe verkörpern können.

144 Seiten, broschiert
ISBN 978-3-89845-338-7
€ [D] 6,95

Elizabeth Clare Prophet

Das Reich der Engel

Engel kündigen wichtige Ereignisse an, retten Seelen und bringen uns Initiationen. Sie dienen in jedem Bereich des Lebens, sie möchten uns helfen, erleuchten, trösten, inspirieren, heilen und vor Gefahren warnen. Sie sind die verlässlichsten Freunde, die man haben kann ... Und in den himmlischen Reichen wartet ein ganzes Heer von Engeln nur darauf, als Antwort auf unsere von Herzen gesprochenen Gebete und Anrufungen auf die Erde kommen zu dürfen.
Elizabeth Clare und Mark Prophet haben einige unverzichtbare Schlüssel übermittelt, um diese hilfsbereiten Freunde des Lichts um ihre Unterstützung zu bitten. Indem wir ihre vielen praktischen Tipps anwenden, können wir die Engel bewusst in unseren Alltag integrieren und sie um Hilfe für uns anrufen.

272 Seiten, broschiert
ISBN 978-3-89845-107-9
€ [D] 6,95

Elizabeth Clare Prophet & Patricia R. Spadaro

Chakren – Deine sieben Energiezentren

Dieses Buch vermittelt – basierend auf der Lehre vom feinstofflichen Energiesystem unseres Körpers – kraftvolle Einsichten und Werkzeuge, um wieder heil und ganz zu werden. Verschiedenste spirituelle Traditionen leiten uns an, wie wir unsere Seele über die sieben Schritte des persönlichen Wachstums voranbringen können. Ganzheitliche Techniken führen zur Wiederherstellung der energetischen Balance unseres Körpers – angefangen bei Homöopathie über Vitamine und Heilbäder bis hin zur Arbeit mit Meditationen, Affirmationen und Visualisierungen.

368 Seiten, Klappenbros.
ISBN 978-3-89845-374-5
€ [D] 18,95

Elizabeth Clare Prophet

Gefallene Engel unter uns

Der Kampf um den spirituellen Aufstieg

Ausgehend vom Buch "Henoch" zeigt Elizabeth Clare Prophet auf, dass die gefallenen Engel unter uns sind. Sie haben der Menschheit Krieg, religiösen Hass, Terrorismus, Epidemien, Wirtschaftskrisen und Klimaextreme gebracht. Die gefallenen Engel versuchen, nach der bereits gewonnenen Macht über das Finanzsystem nun auch die Kontrolle über den Planeten zu gewinnen. Elizabeth Clare Prophet zeigt, wie wir dies wieder umkehren und positive Veränderungen herbeiführen können. Sie führt uns hinter die Kulissen der Scheinwelt und zu einer schockierenden, doch zugleich hoffnungsvollen Aussicht auf die Zukunft. Ein spannendes Buch, das ein klares Licht auf das Mächtespiel der modernen Zeit wirft.

212 Seiten, mit farb. Abbildungen, broschiert
ISBN 978-3-89845-308-0
€ [D] 6,95

Claire Avalon

Die Lichtstrahlen der Aufgestiegenen Meister

Eine praktische Einführung

Jedes lebendige Wesen und alles, was in der irdischen Materie erschaffen wird, folgt den gleichen Gesetzen. Wir alle haben einen Lebensplan. Die kosmischen Lichtstrahlen sind dabei wie Energiebahnen, denen wir folgen. Doch wer hütet unseren Plan? Die Aufgestiegenen Meister sind unsere Partner auf der geistigen Ebene, und sie helfen uns, die Ziele unserer Seele zu erreichen. Die Lichtstrahlen der Aufgestiegenen Meister zeigen uns, wie wir unser Leben – auch im Sinne von Ursache und Wirkung – geerdet und spirituell ausrichten können.

256 Seiten, Klappenbr.
ISBN 978-3-89845-373-8
€ [D] 16,95

Claire Avalon

Sanat Kumara und die Weiße Bruderschaft

Die Heimkehr der neuen Erde

Sanat Kumara, die Aufgestiegenen Meister und die atlantischen Priester sind in diesem Buch vereint, um uns zu erklären, dass die Zeit der Wandlung gekommen ist. Sie geben die Anleitung, wie sich unser ursprüngliches Potenzial wieder in unserem Bewusstsein zeigen kann und wie wir neue Wege finden, die uns auf eine höhere Stufe führen.

Dieses Buch zeigt uns Entwicklungschancen, von denen wir bisher nichts ahnten. Ein Buch, das den Zugang zum höheren Bewusstsein öffnet und so unser wahres Potenzial aufzeigt.

Mit Übung zur Einstimmung der Chakren auf die Venusenergie.